조선 지식인이
세상을 여행하는 법

조선
지식인이
세상을
여행하는 법

조선 미생, 조수삼의 특별한 세상 유람기

김영죽 지음

역사의아침

- **일러두기**
1. 인명 · 지명 · 직명 · 서명 등의 한자는 원칙적으로 처음 나올 때만 병기했다.
2. 본문에 전집이나 총서, 단행본 등은《 》로, 개별 작품이나 편명 등은〈 〉로 표기했다.

들어가는 말

조선 후기 승문원承文院 서리胥吏 출신인 추재秋齋 조수삼趙秀三은 명망 있는 사대부도 서얼도 아닌 중인中人이었다. 조선의 중인층이라면 지금의 평범한 서민이라고 볼 수 있다. 물론 중인 중에서도 역관譯官, 율관律官 등은 각각 동시통역사, 법조인의 이름으로 지금의 중산층에 훨씬 가깝다고 볼 수 있다. 허나 조수삼은 전문 기술을 가졌던 기술직 중인도 아니었다. 그야말로 중인층에서도 가장 아래에 속했던 사람이다. 그가 가지고 있었던 능력은 탁월한 문학적 재능과 꿈뿐이었다고 해도 과언이 아니다.

조수삼은 문학적 재능으로 18세기 중반에서 19세기 후반까지 시詩로써 이름을 떨쳤다. 또한 18세기 후반 세도가였던 풍양 조씨 일가의 선택을 받고, 그것을 기회로 여섯 번이나 북경을 드나드는 등 조선 밖 세계를 구경하게 된다. 동아시아의 허브였던 북경에서 조수삼은 청나라의 학자들과 교유하고 당시 조선의 학예學藝를 주름잡던 조선의 문사文士들과 망형忘形의 사귐을 이룰 수 있었다. 과연 그 까닭은 무엇이었을까. 이를 살펴보는 것은 매우 흥미로운 작업이었다.

처음으로 사신단을 따라 북경을 다녀온 조수삼의 꿈은 한층 강렬해지고 커진다. 해외 체험은 그를 구속하고 있는 사회의 현실, 다시 말해 시대의 문제, 계층의 문제에서 벗어나고픈 욕망에 가속을 붙인다. 그러던 중에 우연히 본 청대의 지리서 《방여승략方輿勝略》은 상상으로나마 그의 갈증을 해소해주었다. 그 책이 금서禁書였던 것은 조수삼에게 큰 문제가 되지 못했다. 오히려 금기는 더 많은 호기심과 욕구를 자석처럼 끌어당기니 말이다.

조수삼은 어떠한 선택을 했을까? 거대한 땅덩어리 중 한 점에 불과한 조선 땅. 거기서도 제대로 꿈을 펼치지 못하는 자신의 심회를 책 속에 열거된 낯선 나라의 간접 체험을 통해 풀어

내고자 그는 〈외이죽지사外夷竹枝詞〉라는 장편의 시작詩作을 남긴다. 《방여승략》에 펼쳐진 세계 가운데 자신이 가보고 싶은 나라들을 뽑아 또 하나의 세계를 빚은 셈이다. 이는 단순히 그의 문학적 재능을 과시하기 위한 창작이 아니었다. 그는 〈외이죽지사〉 서문에서 "내게 날개가 있었다면 세상 구석구석을 다 돌아다녔을 텐데……"라는 독백을 통해 자신의 상황이 전혀 여유롭지 못하다는 것을 증명했다.

조수삼이 쓴 〈꿈속에서[記夢]〉라는 시가 있다. 이 시 속의 28자에는 조수삼의 처지가 고스란히 담겨 있다.

쪼들리며 언제나 초라한 집 살다가[局促常居陋室中]
꿈에서 신마神馬 되어 하늘로 올랐었지[夢爲神馬一騰空]
용 같은 몸 한가하게 굴레를 멜 수 있나[龍身不受閑羈靮]
갈기를 휘날리며 높이 올라 울어댔네[奮鬣長嘶九萬風]

꿈은 시대와 신분을 넘나드는 법이다. 꿈은 가끔씩 불평등한 세상을 버텨보라고 인간에게 내려준 선물과도 같다. 조선시대 어느 한 골목, 다리조차 펼 수 없을 정도로 좁은 집에서 조수삼은 평소처럼 잠이 들었을 것이다. 그러다 어느새 자신이 하늘을 나는 신마가 되어 있음을 발견하게 된다. 조선 땅에서 중인의 신분으로 얽매여 있다가 자유를 얻는 순간이었다. 그가 꿈을 실현하는 방법 가운데 하나는 바로 '여행'이었다.

책상 앞에 앉아서 혹은 누워서 즐기는 와유臥遊든, 직접 발을 내딛고 떠나는 유랑이든 여행의 방법은 하나로 정해져 있는 것이 아니다. 하지만 요즘은 손만 뻗으면 너무나 쉽고 빠르게 마치 상품처럼 여행을 선택하고 즐길 수 있다. 이런 시점에서 아무리 여정이 어렵고 길더라도 자신과 자신이 속해 있는 현실을 돌아보려 했던 조선의 지식인, 조수삼에게 느린 여행법을 배우고 싶었다. 이것이 필자가 이 책을 엮게 된 이유다.

예나 지금이나 '여행'만큼 사람의 마음을 설레게 하는 단어도 흔치 않을 것이다. 여행의 이유는 사람마다 처지와 환경에 따라 다양하다. 하지만 그 출발점, 즉 내면의 상태는 모두 비슷하다. '지금의 일상에서 벗어나기'와 '낯선 것에 대한 동경'이 사람들을 여행으로 이끈다. 삶에 지칠 때는 더욱 내가 사는 공간 밖으로 나가서 다시 나의 내면에 귀를 기울이는 시간을 가졌으면 하는 것이 그네들의 바람이다.

그러나 일상의 익숙함을 뒤로하고 훌쩍 떠나기란, 가고픈 열망의 깊이만큼이나 쉽지 않다. 요즘도 그러하니, 조선 후기를 살았던 한 중인 지식인에게는 더욱 어려운 일이었을 것이다. 더구나 해외를 경험할 기회는 희소해서 사신 행렬을 따라 중국이나 일본으로 들어가는 것이 전부였던 시대가 아닌가. 이런저런 이유를 따져본다면 조수삼은 동시대 중인들과 비교했을 때 특별한 행운을 거머쥔 인물이었을 수 있다.

조수삼의 작품을 읽다보면 그와 여행은 불가분의 관계임을 알게 된다. 이 책이 그 모든 것을 증명해줄 수는 없을 것이다. 하지만 적어도 그에게 '여행'이 가져다준 의미가 무엇이었는지는 전달할 수 있을 듯하다.

필자는 조수삼과 같은 조선 후기 중인 계층을 통해, 지금 이 시대를 살아가는 평범한 사람들의 삶을 떠올리게 된다. 눈에 보이는 신분 제도는 분명히 사라졌다. 그러나 자본의 논리는 눈에 보이지 않는 계급을 여전히 만들어낸다. 시쳇말로 '흙수저'와 '금수저'가 명확하게 갈리는 각박한 세상에서, 소시민인 우리는 충분한 박탈감을 지니고 산다. 하지만 그렇다고 해서 우리가 꿈을 꾸지 않는 것은 아니다. 조수삼이 팔십 평생을 통해 '교유'와 '여행'으로 자신의 존재 가치를 알리려 노력했듯이, 우리 또한 나름의 존재 가치를 부여하기 위해 각자의 방법으로 꿈을 꾼다.

조수삼은 조선의 골목길에서 꿈을 꾸었던 조선의 위항委巷 (혹은 여항閭巷) 시인이다. 여행은 고금을 막론하고 또 다른 자아를 발견하기 위한 가장 보편적인 수단으로 선호되었다. 여행은 가장 보편적인 수단이지만, 여행자의 경험치에 따라 저마다 특수성을 지닌다. 그래서 모두의 여행은 나름대로 의미가 있는 법이다. 조수삼은 '연행燕行'을 통해서 그 꿈의 한 조각을 얻었고, 〈외이죽지사〉를 창작하면서 상상으로나마 나머지 꿈의 조각들을 모았다.

이로부터 몇 세기가 흘러 세상이 천변만화千變萬化했더라도 "멀리 여행하여 자신을 찾고자 했던[遠遊之志]" 조수삼의 바람은 지금 현대를 살아가는 평범한 사람들의 마음속에도 자리 잡고 있는 동일한 꿈이다. 그것은 자신을 옥죄고 있는 여러 방면의 사회적 제약에서 벗어나고픈 열망일 수도 있고, 혹은 끊임없이 자아를 찾고자 하는 탐색의 과정일 수 있다. 현대를 사는 우리도 순간순간 멀리 떠나가고픈 생각이 든다. 이것이 그저 생각으로만 그칠지라도, 지친 생활 속에서 큰 위안이 될 때가 있지 않은가. 조수삼 역시 지금의 우리와 같았을 것이다.

흔히 신분제의 동요가 가장 심했던 조선 후기를 언급할 때 중인층 지식인은 계층에 따른 박탈감이나 소외감 혹은 그로 인한 분노, 사대부 문인들의 '에피고넨~epigonen~(아류)'이라는 측면에서 관습적으로 조명되었다. 하지만 이 책에서 끌어가고 싶은 주된 분위기는 그런 것이 아니다. 중인층 지식인이 처했던 현실을 감추자는 게 아니라 그들이 꾸었던 꿈, 그들이 추구하고 상상했던 이상을 제시해 다독여보자는 취지다. 이들이야말로 조선의 '미생未生'들이 아니던가. 조선 후기의 중인 조수삼의 직·간접 해외 체험을 통해 이 책을 읽는 독자들도 자신의 내면을 다시 돌아보는 '여유旅遊' 혹은 '여유餘裕'를 찾았으면 한다.

필자는 2008년 〈추재 조수삼의 연행시와 외이죽지사〉로 박사학위를 받으며 첫 발을 디딘 후, 조수삼과의 만남을 여전히 지속하고 있다. 조수삼이라는 한 인물에 대해 애정을 갖고 그의 작품들과 씨름한 지도 8년이 지났다. 그러나 얼마만큼 그의 삶을 이해했는지는 여전히 미지수다. 그가 남긴 2,000여 수의 시에서 삶의 편린을 찾는 과정은 녹록치만은 않았다. 물론 여기엔 필자가 과문寡聞하고 역량이 부족한 탓이 컸음은 자인하는 바다. 그럼에도 그의 삶을 관통한 몇 개의 키워드는 짐작할 수 있었다.

사대부의 시대였던 조선에서 중인 조수삼은 주류가 아니었기에, 오롯이 그만을 비추는 조명은 존재하지 않았다. 그렇기에 그가 평생 교유했던 사람들의 행적을 좇고, 그들의 눈에 비친 조수삼으로 다시 돌아와 삶을 재구성해야 하는 지난함이 있다. 다행히 선학先學들의 연구는 상당한 힘과 격려가 되고 있으며, 필자 역시 더디지만 그의 삶을 고구考究하기 위한 행보를 멈출 생각은 없다.

조수삼과 그의 여행 이야기는 진즉 기획되었으나 머릿속에서만 맴돌아 기필起筆까지 꽤 오랜 시간을 보냈다. 명색이 첫 단독 저서임에도 뿌듯함보다는 불안함과 아쉬움이 앞선다. 여기까지 오는 데 큰 가르침을 주신 선생님들께 일일이 감사한 마음을 전하는 것이 도리지만 이 책의 주석으로 대신하는 것이 송구할 따름이다.

하지만 학부 입학부터 지금까지 여일하게 큰 가르침을 주시고 아껴주시는 지산止山 송재소宋載卲 선생님께는 지면을 빌어 깊은 감사의 말씀을 드리고 싶다. 공부는 물론, 필자의 소소한 근심까지 따뜻함으로 다 받아주시는 성신여자대학교 김여주金呂珠 선생님께도 너무 감사하다. 또한 부족하고 바쁜 아내, 엄마, 자식임에도 항상 곁에서 격려해주는 가족들에게 고 마음을 전한다. 난삽한 원고를 매끄럽게 다듬어준 위즈덤하우스 편집부의 노고 역시 잊을 수 없을 것이다.

2016년 무더운 여름
저자 김영죽

| 차례 |

제1부
조수삼의 삶

제1장
다재다능한 조선의 중인

조수삼은 어떤 인물인가

추재 조수삼. 어쩌면 호도, 이름도 생소할 수 있는 이 인물에
대해 간략히 설명하고자 한다. 그는 1762년 음력 7월 16일에
태어났으며 1849년에 세상을 떠난 조선 후기 중인이다. 좀더
쉽게 그를 설명할 수 있는 키워드는 무엇이 있을까. 그는 《기
이紀異》라는 작품을 통해 '일지매一支梅'의 행적을 세상에 알린
이야기꾼이지만, 사람들에겐 조수삼이라는 이름보다 일지매가
훨씬 더 익숙하다. 조수삼과 같은 해에 태어난 인물로는 다산
茶山 정약용丁若鏞이 있다. 이로 보아 조수삼이 어떠한 시대적

배경에서 살았는지는 많은 설명이 필요치 않다. 그때나 지금이나 중인들은 명망 있는 사대부의 그늘을 벗어나지 못한다.

조수삼의 자字는 지원芝園이며 호號는 경원經畹, 진주선珍珠船 혹은 추재다. 또한 그의 초명은 경유景濰였는데 훗날 수삼秀三으로 개명했다. 그나마 조수삼을 알고 있는 사람들에게는 '추재'라는 호가 익숙하다. 하지만 이것은 그가 중년 이후 즐겨 사용하던 호다. 2~30대의 젊은 조수삼은 '경원'과 '진주선'이라는 호를 사용했다.

조수삼은 태생이 벌열閥閱 가문의 후손도 아니었으며, 자손이 영달榮達한 것도 아니었기에 그의 시문집들은 모두 흩어져 제대로 수습되지 않았다. 그러나 당대 조수삼의 작품을 아꼈던 이들에 의해 필사되고 연활자본으로 인쇄되어 어느 정도 모습을 갖추게 되었다. 이후 발견된 그의 시집詩集들과 시초詩抄들을 시대순으로 잘 배열해 온전한 형태의 '추재 조수삼 시문집'을 엮어보는 것은 필자의 바람이기도 하다.

현재까지 전하는 자료들에는 조수삼의 행장行狀이나 제문祭文이 없다. 다행히 시문집 등을 통해 대략의 가족관계는 파악이 된 상태다. 그의 부친은 조원문趙元文이며, 네 명의 아들(조수남趙壽楠 · 조수검趙壽檢 · 조수방趙壽枋 · 조수지趙壽枳), 그리고 두 명의 손자(조성묵趙性默 · 조중묵趙重默)가 있다. 어찌 보면 가장

기본적이라 할 수 있는 프로필을 찾아내는 것이 이들 중인에겐 왜 이리 어려울까 만감이 교차하는 적이 한두 번이 아니다.

하지만 조수삼 행적의 편린이나마 찾을 수 있는 자료가 존재해서 다행이다. 동시대 중인 출신이었던 조희룡趙熙龍의 《호산외기壺山外記》나 주로 하층계급의 인물 행적을 다룬 유재건劉在建의 《이향견문록里鄕見聞錄》, 윤행임尹行恁의 시화 《방시한집方是閒集》, 강준흠姜浚欽의 《삼명시화三溟詩話》 등이 그것이다. 주목할 것은 이들 자료가 모두 동시대 문인들의 저작이라는 점이다. 이 외에도 그와 교유했던 인물들이 지은 만시輓詩들이 존재하므로 이 자료들을 통해 '타인'의 눈에 비친 조수삼의 모습을 추측할 수 있다.

열 가지 장기로 사대부의 인정을 받다

조수삼은 인구에 회자될 만한 열 가지의 장기長技를 지녔다. 하나는 훤칠한 생김새이고, 둘째는 시와 문, 셋째는 공령문功令文이며, 넷째는 의학, 다섯째는 장기와 바둑이요, 여섯째는 글씨, 일곱째는 박식함이며 여덟째는 담론談論이고, 아홉째는 복이 많은 것이며, 열째는 장수한 것이다. 이 정도라면 조선시대 남자의 '행복의 조건'이 대체로 갖춰진 셈이다. 단 '신분의 한계'라는 결핍을 제외하고는 말이다.

조수삼은 자를 지원芝園이라 했으며, 양민 집안 출신으로 원리院吏
가 되어 역관의 반열에 끼워주었다. 그리하여 여러 번 중국에 들
어갔는데, 북경에 있으면서 지은 시가 있다. (중략) 사대부들은 조
수삼에 대해 칭찬이 자자했다. 그 또한 재주를 믿어 스스로 고결
하게 놀았으며, 이름을 경유慶滿로 바꿨다.[1] 또한 의술을 공부하여
병을 치료하느라 재상가에 출입을 했는데, 교만해져서 자신의 분
수를 지키지 못한 나머지 어느 상공에게 머리채를 잡힌 일이 있었
다고 한다. 안타까운 일이다.[2]

강준흠의 《삼명시화》에 실린 내용이다. 이 일화는 많은 의
미를 내포한다. 위의 예문에서 말한 원리는 괴원槐院(승문원)
의 관리를 말한다. 서리는 대개 중인의 자제로서 문식이 있으
며 글씨에 능한 자를 뽑아 충원하는 것이 관례였고, 때에 따라
세습하기도 했다. 그러나 일개 하급 관리에 불과한 것은 변할
수 없는 사실이었다.

조수삼은 승문원의 하급 관리였지만 중국어 실력이 매우 뛰
어났다. 역관의 반열에 올려주었다는 것은 그가 역관이었다는
말이 아니라 그에 버금가는 능력을 지니고 있었다는 점을 의

미한다. 조수삼이 실제로 중국어에 능통했다는 기록이 있는데, 그가 첫 연행에서 강남江南인과 수레를 타고 가는 도중 중국어를 모조리 배우게 되어 북경에 도착한 후 중국인들과 대화를 할 때 필담이나 통역을 빌리지 않고도 가능했다는 이야기가 전한다. 그래서 지금도 조수삼을 역관이라 잘못 칭하는 연구자들이 비일비재하다.

그가 지녔던 열 가지 장기 가운데 특히 시재詩才와 의술은 사대부들과의 친분을 유지하는 데 유리하게 작용했다. 출중한 재주로 세도가를 등에 업은 중인의 행동거지가 어느 양반의 눈에는 매우 거슬렸을 수도 있다. 실제로 조수삼이 어느 양반에게 머리채를 잡혔다는 일화는 과장된 것인지도 모르겠다. 정말 그러했는지 여부는 확인할 수 없지만 이 에피소드는 그의 신분적 한계와 갈등을 충분히 암시해준다.

조수삼이 드나들었다던 재상가의 집은 18세기 후반 벌열 가문인 풍양 조씨 가문이었을 가능성이 크다. 승문원 서리들 가운데 문식이 뛰어난 사람들은 종종 벌열 가문의 겸인傔人 노릇을 하는 이들이 많다. 이들은 양반가의 가내 노비나 천민 노비와는 다르다. 가문의 주요한 문서를 처리하거나 주공의 지방관 행차에 수행하기도 하며, 문화생활을 함께 향유하기도 한다. 이들의 관계가 잘 유지된다면 중인의 신분일지라도 과

시에 응하여 벼슬할 기회도 찾아온다. 조수삼과 풍양 조씨 가문의 관계는 이러한 전형성을 띠고 있다.

실제로 조수삼은 풍양 조씨 가문의 실세였던 석애石厓 조만영趙萬永과 운석雲石 조인영趙寅永의 아낌을 받는다. 조인영이 1825년 영남관찰사로 부임하자 조수삼은 기실참군記室參軍이라는 자격으로 수행했으며, 1829년 호남관찰사로 부임했을 때 역시 조인영을 수행했다. 기실참군은 문서의 기록을 담당하는 일종의 서기다. 이 외에도 1818년 조만영이 심양문안사瀋陽問安使의 서장관書狀官 자격으로 연행에 임하자 동행했고, 1829년 유하游荷 조병귀趙秉龜가 동지겸사은사冬至兼謝恩使의 서장관 자격으로 연행에 임했을 때 역시 그와 동행했다.

제2장
당대 지식인들과 교유하다

조수삼의 비호 세력, 조인영과 조만영

조선에서 중인 신분의 '지식인'으로 홀로 서기란 매우 어려웠다. 중인들은 비상한 재능과 출중한 성품을 지녔어도 늘 몸의 한 부분이 없는 것처럼 결핍된 존재였다. 이들은 시사詩社를 결성해 문학 활동을 구체화시켰으며, 같은 계층 간의 결속 외에도 사대부 문인들과의 교유 역시 폭넓게 유지했다.

조수삼은 이 시기에 계층을 넘나드는 망형지교忘形之交의 대표적 문인이라 해도 손색이 없다. 그가 평생 동안 교유한 국내외 인물들은 매우 다양하다. 조수삼과 교유한 인물들의 계층은 다양했는데, 당대 문화를 이끌어가던 일군의 사대부士大夫와 서류庶類 문인학자들 뿐 아니라, 중인층과 천민들까지 아우르고 있다. 조수삼의 여섯 차례에 걸친 연행을 통해 당시 저명한 청나라 문인들과의 교유관계도 확인할 수 있다. 그렇기 때문에 그들과의 교유를 잘 따라가다 보면 조수삼의 삶의 윤곽이 드러난다.

조수삼의 일생에서 풍양 조씨 가문과의 관계는 매우 중요하다. 이들의 관계는 때로는 주공主公과 겸인傔人의 양상을 띠기도 하고, 때로는 지음知音의 관계를 띠기도 한다.

조만영에 대한 조수삼의 만시를 보면, 그가 어느 시기부터 풍양 조씨 가문과 깊은 관계를 유지했는지 그 단서가 나온다.

예전에 가정柯汀 노대인께서[粵昔柯汀老大人]

세 번 나를 막빈幕賓으로 부르셨지[三言呼我幕中賓]

명문가 자제들과 쌍벽을 이루었고[名家子弟稱聯璧]

성세盛世의 교유로 귀한 자리 많았네[盛世交遊數席珍]

사업과 문장으로 흰 머리만 남았고[事業文章餘白首]

슬픔과 기쁨, 근심과 즐거움으로 보낸 청춘[悲懽憂樂送靑春]

두 눈동자에 단지 줄줄 흐르는 눈물[雙眸只有涓涓淚]

믿을 곳 없어 아득한 세상에 저녁 먼지라[無賴滄溟一夕塵]³

그와 풍양 조씨 가문의 인연은 조만영·조인영의 부친이었던 가정柯汀 조진관趙鎭寬에서 시작함을 알 수 있다. 조진관의 자는 유숙裕叔이며, 호는 가정, 시호는 효문孝文이다. 조수삼은 조진관의 부친 조엄趙曮이 일본에 사행 갔을 당시 함께 동행했다.⁴ 조진관은 지방관으로 재직할 때 세 번이나 조수삼을 막료로 채용했다. 시기적으로 보면 1795년 이후부터 조진관이 1808년 세상을 떠나기 이전으로 추정된다.⁵ 조진관과의 인연은 조수삼의 삶을 바꾸어놓았다. 조진관의 눈에 들면서 조수삼은 명문가 자제들과 동석했으며 그들이 향유하던 문화의 장에 자연스럽게 낄 수 있었다.

조만영이 약관의 나이였을 때, 조수삼에게 시문詩文을 배웠다는 기록이 있다.

성상께서 재위에 오르신 지 2년 5월 5일 풍은부원군 석애 조공의 회갑일이다. 공은 약관의 나이 때부터 시를 잘 썼는데 내가 글자를 어느 정도 안다고 여기시고 아끼며 함께 종유從遊해 지금 40년에 이르렀다.⁶

처음에는 조진관과의 관계로 시작된 인연이었지만, 사실 조수삼의 든든한 후원자가 되었던 사람은 조진관의 자제인 조만

영·조인영 형제였다. 이에 조수삼은 풍양 조씨 가문의 대소사
大小事를 보조하는 등의 일을 했다. 그가 평안도 정주의 막부
에서 종사從事로 근무했을 때를 제외하고는 주로 조만영과 조
인영 형제를 수행하며 이동했다. 특히 조인영이 영남·호남관
찰사로 재직할 때 그를 수행하며 영남·호남 일대를 두루 다녔
다. 그래서 조수삼의 삶의 이력에서 이들을 빼놓고 이야기할
수 없는 것이다. 이는 조수삼으로 대표할 수 있는 그 당시 중
인들의 삶의 패턴이기도 했다.

조수삼은 이들 형제를 통해 추사秋史 김정희金正喜 가문을
비롯해 당대 세도가들과도 자리를 함께할 기회를 얻게 되었
다. 또한 노년으로 접어들 무렵에는 경제적인 도움을 받기도
한다.[7]

그는 특히 조만영을 가장 믿고 따랐던 것으로 보인다. 그의
만사에서는 그 슬픔이 절절하여, 상하 관계라기보다는 마음이
통하는 지음을 잃은 듯한 느낌마저 갖게 한다. 조만영이 세상
을 떠날 때 조수삼은 이렇게 말한다.

이 같은 지음이었고, 이처럼 좋았건만[如此知音如此好]
본디 성姓은 같아도 종족宗族은 같지 않네[本來同姓不同宗][8]

그는 슬픔마저 층위를 두어야 하는 자신의 신분적 처지를 한탄하기도 한다. 조수삼은 조만영의 시적 재능과 인품을 존경했다. 조수삼이 서장관이었던 조만영의 종사로서 함께 연행했을 때에는 다음과 같은 일화를 기록했다.

또 일찍이 공이 연행하실 때 나는 종사로 임하였다. 그때는 한 여름 물이 불은 시기라. 산·계곡·들·나루터를 건널 때 왕왕 물에 빠질 염려가 있었다. 수로水路의 역참에 이를 때마다 공은 항상 호상胡床에 걸터앉아 살펴보고 지휘해, 짐을 진 사람이나 마졸이라도 그들이 다 건너기를 기다렸다가 뒤에 천천히 일어났다. 그리하여 일행이 믿고 물 건너는 데 괴롭지 않았다. 이는 모두 옛 명장들이 군사를 건너게 하던 방법을 따른 것인데 사람들은 그걸 몰랐다.[9]

조수삼의 눈에 비친 조만영은 휘하의 군사들을 안전하게 이끄는 옛 명장과도 같았다. 그는 평소 조만영의 이러한 성품을 흠모했다. 이 때문에 연배로는 그보다 한참 아래였던 조만영이 세상을 뜨자, 훌륭한 지음을 잃은 듯한 슬픔에, "어찌 목을 매어 그대를 따라 죽을 수 있을까[那能刎頸下從公]?"[10]라고 한 것이다. 이 말 속에는 마음을 다해 모시던 주공主公, 절친했던 지음의 죽음에 대한 애통함이 함께 배어난다.

조만영이 1819년 풍은부원군이 되자, 이 시점부터 조수삼은 주로 조인영을 수행하는 일이 잦아졌다. 조인영과 김정희의 친분으로 인해 이들과 함께 어울리는 시간들이 많아진 것이다. 이는 조수삼의 문예적 역량이 한층 성장할 수 있는 계기가 된다.

조인영에 대한 조수삼의 마음은 다음의 시에서 잘 드러난다.

한나라 선비의 글솜씨 진나라 사람의 풍모[漢儒文學晉人風]

이 시대의 훌륭한 분 혼자서 공을 뵙네[今代翩翩獨見公]

술자리에서는 백안白眼으로 대하지 않으셨고[酒席不遭雙眼白]

객등 켜고 상대하며 마음이 기뻤지[客燈相對寸心紅]

요동 너머 먼 길, 하늘 드리운 땅[長亭遼左天垂地]

개성에서 잠시 이별에 하늘 가득한 달[小別崧陽月滿空]

서기가 볼품없다 나보고 웃지 마소[書記龍鍾休笑我]

가벼운 옷, 빠른 말, 이전과 같다오[11][輕衫快馬囊時同][12]

이 시는 조수삼이 1817년에 쓴 것으로 추정된다.[13] 1816년에는 조인영이 재종형인 조종영趙鍾永의 사행을 따라 입연했는데, 그 당시 일을 추억하며 송경松京으로 떠나는 조수삼을 전송해주는 시다. 조인영은 신분의 차이가 현격함에도 불구하고 거리낌 없이 그와 시를 읊고 술잔을 기울였으며, 결코 홀시하지 않았다고 했다. 앞서 조만영과도 지음의 사이를 넘나들었듯, 조인영 역시 조수삼에게 그러한 존재였던 것이다.

조인영의 나이는 당시 22세로 약관을 갓 넘긴 상태였다. 그가 영남관찰사로 재직 중일 때 조수삼은 그를 따라 영남의 여러 지역을 순행했고, 지인들과 함께 영남 일대의 명승지를 유람하는 등의 일상을 보내기도 했다. 즉, 공무를 겸한 일종의 여행이었다고 할 수 있다.

조인영이 50세가 되던 해에 조수삼은 다음과 같은 글을 지어 그에게 보인다.

생각건대 공은 야위고 약해 평소 병을 잘 앓아 손에서 약이 떠나지 않아 이로써 금일에까지 이르렀습니다. 다만 다행히 성색聲色이나 기욕嗜欲이 그 기운을 옮겨 삶을 해치는 것이 없을 뿐입니다. 옛날 나라를 다스리는 데엔 바깥 근심이 없으면 반드시 안의 걱정이 있다고 했는데, 만약 공이 병이 없고 기운을 옮겨 삶을 해치는 즐거움이 있었다면 50이 되어 수를 누리는 데 이를 수 있었을까 알 수 없는 일이기도 합니다. 그렇다면 공의 병은 족히 걱정할 게 없고 또한 축하할 수 있는 일인 것입니다. 그러나 공이 지금 혈기가 쇠하기 시작하니 바라건대, 지난날보다 배는 더 절제하시어 먼

19세기 초 화가 이한철이 그린 조인영의 초상화, 한국데이터베이스 진흥원

조수삼은 그의 든든한 후원자였던 조인영·조만영 형제를 수행하면서 당대 세도가들과 자리를
함께할 기회를 얻기도 했으며, 노년에는 경제적인 도움을 받기도 했다. 이들은 죽기 전까지 주
공이자 지음으로서 거의 가족처럼 가깝게 지냈다.

나이까지 몸의 원기를 펼쳐 50이라면 50부터 100, 1,000으로 미루어 나가시길 바랍니다. 이것이 저의 구구한 축하입니다.[14]

이 글의 내용을 보면, 그가 조인영의 건강과 일상을 얼마나 상세하게 알고 있는지 짐작할 수 있다. 젊은 시절부터 조인영의 곁에서 수행했던 입장으로 그의 건강을 염려하는 것이 당연하다. 하지만 윗글의 내용을 잘 살펴본다면 평소 그의 행동이 매우 절제되어 있고 앞으로도 그러한 점을 지향하라는 권고의 의미가 담겨 있음을 잘 알 수 있다.

조인영은 1850년에 세상을 떠났는데, 이는 조수삼이 세상을 뜬 바로 이듬해였다. 그는 가족처럼 지내던 조수삼의 문집을 꼭 발간해주리라 약속했다. 하지만 조수삼이 세상을 떠난 후 얼마 지나지 않아 조인영 역시 세상을 뜨게 되어 문집이 수습되지 않았음은 매우 아쉬운 일이다.

이덕무를 스승으로 모시다

우리에게 간서치看書癡, 즉 '책만 보는 바보'로 알려진 조선시대 문인이 있다. 바로 형암炯菴 이덕무李德懋다. 이덕무 역시 조수삼의 일생에 큰 영향을 주었던 인물이다. 그들의 관계는 조수삼의 젊은 시절 저작인 《경원총집經畹叢集》에서 그 구체적인 정황을 포착할 수 있다. 조수삼은 이덕무를 스승으로 섬기며 따랐다. 이덕무의 손자인 오주五洲 이규경李圭景은 《오주연문장전산고五洲衍文長箋散稿》에서 다음과 같이 말했다.[15]

이 노인은 팔십의 나이에 사마시에 합격하여, 특별히 도총부오위장都總府五衛長의 벼슬을 받았으니 이는 각별한 은혜를 입은 것이다. 일찍이 나의 증조부와 조부에게 수학했으며, 공령문功令文으로 이름이 나 있었다. 또한 고문古文과 율시律詩에도 능했다.

이는 조수삼이 단순히 이덕무의 시명詩名을 좇아 수창酬唱했던 것이 아니라, 그에게 정식으로 사사師事했음을 의미한다. 조수삼과 이덕무의 사승관계가 정확히 어느 시기부터 시작되었는지는 확실치 않다.[16] 하지만 현전하는 조수삼의 작품 가운데 이덕무와의 교유를 발견할 수 있는 가장 이른 시기는 바로 이덕무가 규장각 검서관을 맡고 있었을 즈음이다. 좀더 이르게는 이덕무가 처음 외각外閣(교서관敎書館)의 검서관이 되던 1779년[17]부터 이미 그의 문하에서 배우고 있었다는 것을 추측케 한다.

이를 제외하고 조수삼의 문집에서 확인할 수 있는 가장 이른 시기는《경원총집》에 실린 〈중양일에 형암 태수에게 서신을 보내다[重陽日書呈炯菴太守]〉라는 시를 통해서다.

이덕무는 1784년 6월에 적성현감이 된다. 1787년 그가 적성현감에서 체직되어 다시 검서관이 되었으므로, 이 시는 그 사이에 지은 것으로 볼 수 있다. 그는 이 시에서 젊은 나이에 영락해 본인의 뜻을 펼치지 못하는 것에 대한 안타까움을 드러내어 이덕무에게 전하고 있다.[18] 조수삼은 이덕무가 세상을 떠난 후에도 그의 인품과 학식에 대한 존모의 마음을 곳곳에서 드러낸다.

무관 선생 이 역에서 벼슬하실 때[懋官官此驛]
삼 년 동안 처음처럼 한결같았지[三載一如初]
마졸들이 그의 행동 흠모했고[馬卒歆容止]
고지식한 유생들은 가르침 받았지[鯫儒道緒餘]
지은 책은 상자 안을 가득 채웠고[著書充篋筍]
심어놓은 대나무는 뜨락 둘렀네[種竹繞庭除]
사람은 떠나가고 청산만 남아[人去靑山在]
서성대니 깊은 슬픔 나를 덮친다[徘徊劇悵余]
[19]

이덕무는 1781년에 사근역 찰방察訪이 되었다. 우연히 사근역 부근을 지나던 조수삼은 자연스레 이덕무가 떠올랐다. 평소 행동할 때 흐트러짐이 없었던 그였다. 아랫사람들에겐 그의 행동거지 하나하나가 본보기가 되었고, 철모르는 유생들은 그의 가르침에 많은 것을 배웠으리라. 심어놓은 대나무가 뜨락을 둘러쌀 동안 책만 보더니 그는 결국 상자 가득 글을 남겼다. 사근역의 푸른 산은 이전 그대로인데, 그는 이미 세상을 떠나 고인이 되었다. 조수삼이 이리저리 다녀보니 이덕무의 흔적만 가득하다. 까닭모를 슬픔이 엄습해오면서 조수삼은 이덕무가 너무 그리웠다.

조수삼은 자신의 학문적 성향과 처지를 가장 잘 알아주는 인물로도 이덕무를 들곤 했다.

검서의 문장 전아하여 가장 친했으니[檢書文雅最相親]
해마다 가을바람 불면 자주 만났다네[歲歲秋風會晤頻]
책상 옆에 앉아서 천하의 일 논하는데[膝席論今天下事]
우리들에게 정을 쏟아주셨지[情鍾在我輩中人]

이덕무가 세상을 뜨던 해인 1793년, 32세의 조수삼은 〈형암 이덕무 선생을 애도하다[哀李炯菴德懋]〉라는 만시를 지었다. 그는 이덕무의 문장이 전아하여 가장 가깝게 지냈다고 했다.

당대 박학과 고증의 대가로 이름이 나 있던 이덕무는 "우리들에게 정을 쏟아주셨지"라는 시구에서 보이듯, 신분에 구애 받지 않고 재주와 식견이 있는 자라면 모두 문하생으로 받아들여 그들에게 가르침을 준 사람이었다.

일례로 천민 화가 이단전李亶佃 역시 이덕무의 문하에서 배웠는데, 조수삼과 두터운 친분이 있던 이단전은 결국 이덕무의 문하에서 함께 배운 동문이었던 셈이다. 실제로 조수삼은 본인의 시재詩才를 가장 잘 알아주는 이가 바로 이덕무였다고 언급한다.

(중략) 형암 이덕무가 나의 젊은 시절 작품을 극찬하고, 볼 때마다 누차 높은 소리로 읊으며, 감탄하며 말하길 "이 사람의 시는 늙어서 크게 한 번 변하리라"고 했소. 나의 시가 지금 변하긴 했으나 형암의 무덤에 풀이 이미 십 수 년이나 묵었으니 어이하겠소. 매번 야밤에 깨어 탄식하며 잘 변했는지 그렇지 못했는지 증명해줄 이가 없음을 한스럽게 여길 따름이오. 그대가 이미 평론한 바가 있지만 그대가 알고 보는 것이 내가 나 자신을 스스로 아는 것과 비슷하며, 또한 형암이 나를 아는 것처럼 그대가 알고 있는지, 이제 다시 그대의 일정한 평론이 있을 줄 믿는바 그 평론이 기다려지오.[20]

이덕무의 무덤에 자라난 풀이 이미 십 수 년이나 묵었다는 구절에서 이덕무가 감상했다는 조수삼의 시는 1815년 전후로 지어졌다는 사실을 알 수 있다. 이 글은 박생朴生이라는 인물에게 조수삼이 본인의 시에 대한 평評을 부탁한 것이다. 자신의 시를 진정으로 알아주는 이는 이덕무이지만, 이미 그가 세상을 떠나고 없어 본인의 변화한 시풍에 대해 평가해줄 사람이 없다는 것을 크게 한탄하는 내용이다.

이덕무는 청성靑城 성대중成大中에게 보내는 편지에서 추재의 시에 대해 "지원(조수삼)의 작품은 걸출하여 어린아이나 여자의 사색이 없으니 사랑스럽지 않겠는가?"[21]라 평한 적이 있는데, 그의 시를 아껴 평소에 독려해주었음을 짐작케 한다. 조수삼은 이덕무의 족질族姪인 이광섭李光燮[22]과도 교유한 바 있다. 이처럼 젊은 시절 조수삼을 만들어준 스승은 이덕무였다.

가슴에 품은 아홉 명의 친구들

조수삼의 작품 가운데 〈구가九歌〉가 있다. 〈구가〉는 아홉 명의 절친한 벗들에 대한 만시다. 애석하게도 이들은 모두 조수삼보다 앞서 세상을 떠났다. 결국 이들의 만시를 모두 그가 짓게 된 셈이다. 이들은 대부분 서사西社, 즉 송석원시사松石園詩社[23]

에 속한 인물들이었다.

《추재시고秋齋詩稿》와《추재집秋齋集》에는 이들에 대한 정보가 미비하다. 〈구가〉를 통해서 이들의 삶이나 조수삼과 교유했던 흔적을 볼 수 있을 뿐이다. 하지만 조수삼의 《경원총집》에 실린 작품 다수는 이들과 수창한 시들이다. 이로써 아홉 명의 벗들과 조수삼의 교유를 엿볼 수 있다. 조수삼은 〈구가〉의 서문에서 이렇게 말한다.

남방에 온 지도 벌써 두 번째 가을을 맞는다. 생각하면 나의 옛 벗은 다 흩어져 거의 없어졌다. 이제 야항이 또 세상을 떠났다. 생명의 길고 짧음은 정함이 있다지만, 떠나간 친구를 생각할 때 아프고 슬픈 정을 그대로 삼키기 어렵다. 나는 여기에 만사를 지어 그들의 평생 일을 서술함으로써 죽지 아니하고 살아남은 나의 회포를 편다. 슬픔은 두보의 시보다 더하고 그 시의 수는 굴원의 초가楚歌에 맞는다고 본다.[24]

1829년 조수삼은 조인영이 호남관찰사로 부임하면서 그를 수행했는데, 이 시는 그 당시 지어진 것으로 추정된다. 이때 그의 나이는 거의 칠십이 다 된 노년이었다.

이들 아홉 명은 조수삼과 거의 평생을 함께 동고동락했던 친구들이었다. 그 가운데 김예원金禮源이 가장 마지막으로 세상을 떠났다. 조수삼은 이들의 삶을 칠언고시七言古詩 형식으로 남겼는데, 그 어떤 애사哀詞 못지않게 절절하며, 시 속에 벗들의 삶과 각자의 개성을 고스란히 녹여냈다. 젊은 시절을 함께한 이들의 추모시를 모두 자신의 손으로 써야 하는 그 심정이 오죽했겠는가.

아홉 명은 모두 중인 혹은 그 이하의 미천한 신분이었다. 이들의 문집이 현전하는지의 여부도 불투명한 상황 속에서, 조수삼의 만시는 흔적 없이 사라지기엔 아까웠던 여항인들의 간략한 인물전人物傳 역할을 한다. 순서대로 그들을 간략히 소개해보면 다음과 같다.

정이조丁彛祚의 자는 어산漁山이며, 호는 무륜茂倫이다. 정이조에 대한 기록은 조수삼의 문집 외에도 유재건의《이향견문록》과 장혼張混의《이이엄집而已广集》, 박윤묵朴允默의《존재집存齋集》등에서 확인할 수 있다. 정이조는《풍요속선風謠續選》의 발문을 지었으며, 박윤묵의 스승으로 알려져 있다. 장혼과의 교유가 돈독했고,《풍요속선》의 발문을 지은 정황으로 보아 송석원시사의 핵심 인물이었다고 할 수 있다.

《경원총집》에는 정이조에 대한 시가 실려 있지 않은데, 이들의 교유는 30대 이후로 추측된다.[25] 조수삼은〈구가〉에서 정

이조의 풍모에 대해 '팔척장신八尺長身'이라 했으며[八尺靑琅
玕], 반생 동안 글을 읽었어도 살림이 곤궁하여 처자식이 고생
했다[半生讀書書滿腹, 瘦妻弱女號飢寒]고 묘사한다. 그는 특히 시
부詩賦에 능했는데, 아침저녁으로 시문을 읊는 가운데 기이한
어구들을 종종 내었다고 했다.[26]

　이는 《풍요속선》 발문의 말미에도 실려 있는데, 《풍요선집風
謠三選》의 선시選詩 방식에 대해 "이 선집은 평담을 위주로 했
지만 겸하여 기이한 것도 취하여 경취가 있는 것은 모두 살펴
보았고, 울림을 지니고 있는 것은 반드시 뒹겨주었다"라고 했
으니, 정이조의 시풍詩風이 기奇했음을 추측하게 한다. 조수삼
은 어느 해 정월 대보름을 맞이하여 칠수루七樹樓[27]에서 정이
조와 학원學園 이경복李景福을 추억하며 홀로 맞이하는 가절佳
節에 대한 처연함을 토로하기도 한다.[28] 이는 이들에 대한 정
의情意가 얼마나 돈독했는지를 보여준다.

　박경수朴景修의 자는 치도稚度이며 호는 류목瘤木[29]이다. 그
역시 장혼과의 교유[30]와 《풍요삼선》에 선시되어 있는 정황으
로 송석원시사에서 함께 활동했던 동인임을 짐작할 수 있다.
기존의 《추재집》, 《추재시고》에는 〈구가〉 외에 박경수에 대한
정보가 없지만, 《경원총집》에는 빈번하게 언급된다. 따라서
조수삼의 젊은 시절 그와 절친했던 핵심 인물 가운데 한 사람

으로 여겨진다.

그는 〈구가〉에서 박경수를 신선과도 같은 삶을 지향했다고 묘사한다. 박경수와 조수삼은 〈구가〉의 인물 가운데 그 누구보다도 가까웠는데, 어떤 연유인지 그들이 팔 년 동안 서로 멀리 떨어져 지낸 적이 있다.[31] 이 당시 조수삼은 박경수에게 보낸 시에서 이렇게 말했다.

이웃해 살지만 집 다른 것 늘 한스럽더니[同鄰常恨不同廬]
팔 년 동안 멀리 떨어지니 하물며 어디서 찾을까[八載天涯況索居]
도성都城의 친구를 구름과 함께 전송하니[傾國親朋雲送目]
우리 형제도 편지를 전해준다네[吾家兄弟雁傳書][32]

'우리 형제'가 편지를 전한다고 한 것으로 보아 박경수는 조수삼의 백씨伯氏인 담화재 조경렴趙慶濂과도 친분이 있었나보다. 박경수 역시 생전에 저술에 힘썼는데, 조수삼은 이를 두고 "스스로 저서가 적다면서도 지금은 누각을 가득 채운다[自少著書今滿樓]"[33]라고 할 정도였다. 박경수는 비교적 일찍 세상을 떠난 것으로 추측된다.

이경복의 호는 학원이다.[34] 그는 조수삼의 절친한 시 벗이자 조수삼 형제들과도 죽마고우竹馬故友였다.[35] 《경원총집》에는

〈학원(이경복)이 밤에 다녀가다[學園夜過]〉라는 제목의 시가 종종 보인다. 이들은 서로 가까운 이웃에 살았으며 술잔을 기울이고 시를 읊었다. 주로 이경복이 조수삼의 집을 방문하여, 밤을 지새웠던 일이 많았다.[36] 조수삼은 이경복을 두고 "서로 교유한 지 지금이 몇 해던가, 하루도 떨어진 적 없었네[相從今數載, 一日不相違]"라 할 만큼 절친한 사이임을 밝혔다.

역시 그들을 묶어준 것은 '시'였다. 이경복은 조수삼의 시를 매우 아꼈는데 그가 조수삼이 지은 시를 읊고, 정작 시를 지은 조수삼은 앉아서 감상하는 식이었다. 그 옛날 백아伯牙와 종자기鍾子期의 모습이 떠오른다. 그런 이유로 조수삼은 이경복을 반생半生의 지음이라 하지 않았겠는가.[37] 이경복의 대상大祥날, 슬픔을 이기지 못한 조수삼은 "그 많은 글들을 누구에게 전한단 말인가[多書竟孰傳]?"라며 애통해 했다.[38]

이경복의 시가 《풍요삼선》에 실린 것 외에는 이경복과 연관된 이렇다 할 족적을 찾기 어렵다. 그나마 조수삼과의 시 속에서 그의 존재가 빛을 발하니 한편으로 다행이다.

김호산金壺山의 자는 직보直甫다. 호산은 그의 호로 추정되며, 그 이름은 알려지지 않은 상태다. 《호산외기壺山外記》, 《이향견문록》, 《희조일사熙朝軼事》, 《일사유사逸士遺事》 등에도 그에 대한 기록이 없으며 《풍요삼선》, 《풍요속선》에도 실리지 않았다. 조수삼과는 젊은 시절 이경복과 함께 절친하던 사이였다.

《경원총집》에는 김호산에 대한 언급이 많은데, 아쉽게도 그의 이름은 기록되어 있지 않다. 〈구가〉는 조수삼이 호남에 있을 당시 지었던 것이다. 호산은 지금의 전라북도 익산지역의 고칭古稱으로, 그의 고향을 의미할 가능성이 크다.

조수삼은 직접 김호산 부자父子의 묘소를 찾아 애도했는데, 〈구가〉 가운데 "예전에 자네 아버지 묻은 곳에 지금 자네가 묻혔는가[昔葬其父今葬兒]"라고 하는 구절에서, 김호산의 아버지와도 친분이 있었던 사이임을 추측할 수 있다. 김호산은 조수삼보다는 어렸다. 조수삼은 젊은 시절, 당시 과거에 낙방하여 고향으로 돌아가는 그를 위해 시를 지어 "낙제落第는 누구나 있을 수 있는 것"이라 위로해준 적이 있다.³⁹ 또한 자신보다 어린 김호산이 먼저 세상을 떠남에 "자네가 다시 깨어나면 내 장차 그대를 나무라리라[吾友若起吾將訴]"라고 했다.

노윤적盧允迪의 자는 혜경惠卿이며, 호는 서화방書畵舫이다.⁴⁰ 그는 조수삼과 평생에 걸쳐 우정을 나누었던 인물로서, 송석원시사를 결성하고 주도한 인물이기도 하다.⁴¹ 노윤적에 대한 기록은 《경원총집》뿐 아니라, 조수삼 시문집 전반에 걸쳐 나타나고 있다. 그는 〈구가〉에 수록된 인물 가운데 가장 활

발하게 시사詩社 활동을 했던 인물이며, 여러 가지 일화를 남긴 사람으로도 유명하다.

조수삼의 《기이》에는 금성월錦城月이라는 기생에 대한 이야기가 실려 있다. 금성월은 기생의 신분으로서 열녀烈女로 불린 인물이었으며, 동일한 이야기가 《이향견문록》에도 전하는데[42] 노윤적은 이 기생의 절의節義를 높이 사 그녀를 위해 추모시를 써준 기록이 있다.[43]

노윤적은 조수삼보다 열 살 아래였다. 〈구가〉에서 조수삼은 "차례로 산다면 나보다 십 년은 더 살아야 할 것을[順生將吾後十禩]"이라 하여 평소 시를 좋아하고 술을 과하게 좋아했던 그의 죽음을 안타까워했다.

노윤적은 실로 대단한 애주가였다. 조수삼은 그러한 그를 두고 술을 대하면 술 가게를 말리고야 만다고 표현했을 정도다.[44] 친구이자 선배로서 그는 노윤적의 주벽酒癖을 걱정했다. 이에 자신의 벗을 위해 〈서화방 주인(노윤적)에게 술을 끊으라는 계를 지어 청하다[請書畵舫主人止酒啓]〉라는 글을 지어 위트 있는 쓴 소리를 한 적도 있다.[45]

이들 사이에는 또 하나의 공통점이 있었다. 바로 '연행'이라는 경험이었다. 게다가 조수삼과 노윤적이 연행을 통해 만난 청나라 문인들도 일부 겹친다. 조수삼이 만났던 창미滄湄 주문한朱文翰과 양봉兩峰 나빙羅聘, 선산船山 장문도張問陶 등을 노윤적 역시 만나보았다. 이처럼 노윤적은 시사 활동에서 공감대를 형성했을 뿐 아니라, 연행을 통한 교감이 있었기에 십년의 차이에도 우정을 나눌 수 있었으리라. 연행은 이들의 삶을 관통하는 특별한 경험이 아니었겠는가.

정대중鄭大重의 자는 경숙景叔이며, 호는 포옹匏翁 또는 포원匏園이다. 정대중 역시 《경원총집》과 조수삼 문집 전반에 걸쳐 그 교유관계가 확인된다. 따라서 그의 평생지기였다 칭해도 과언이 아닐 것이다. 정대중은 장혼의 《이이엄집》에서도 종종 언급되었는데, 대개가 시사 활동과 관련 있는 내용이다. 그 역시 시사에 활발히 참여했던 인물로 짐작할 수 있다. 박윤묵의 《존재집》을 보면 정대중의 활동상을 추측할 만한 근거들이 나온다.

정대중은 시사를 주도적으로 이끌어가던 선배 천수경千壽慶이 세상을 떠나자, 쇠락한 시사의 분위기를 진작시킨다. 대부분의 중인들은 비슷한 생각을 지녔겠지만, 특히 정대중은 송석원시사에 깊은 애정을 지닌 인물이었나보다.

조수삼은 중양절이면 어김없이 정대중과 약속을 잡고 함께 소일했다. 그리고 이 약속을 이십여 년 동안 한 번도 어긴 적이 없다고 말한다.[46] "세상에서 나를 아끼던 이 공이 아니면

누구랴[世間愛我非公誰]"라는 구절에서 조수삼은 정대중을 '공
公'이라 일컫는다. 이로 미루어 보면 정대중의 연배는 조수삼
보다 많았을 것이다. 학과 같이 여윈 몸을 가졌던 정대중은 시
짓는 일과 바둑 구경을 사랑하던 인물이었고[47] 조수삼 역시 정
대중의 시에 차운하기를 즐겨 했다. 조수삼이 지녔다던 열 가
지 장기長技 중에 하나가 바로 바둑[奕棊]이었는데[48], 시와 바
둑에 능했던 그를 정대중이 아꼈던 것이다.

김예원의 자는 학연學淵이며 호는 야항野航이다.《경원총집》
에 그의 기록이 없어, 추재가 초기에 교유한 인물은 아닌 것
으로 여겨진다. 김예원의 부친인 화산자華山子 김덕형金德亨이
유명한 서화가였듯이 그 역시 서화에 능했다고 전한다. 조수
삼은 〈구가〉에서 김예원을 다음과 같이 표현했다. "천상의 옥
루에서 새로 편액 걸 사람을 구하려나[玉樓倘求新扁額]." 천상
의 옥루에 편액을 걸 만한 서화 실력이라면 다른 설명이 필요
없지 않을까. 이 한 구절로 조수삼은 친구의 서화 실력을 여실
히 담아낸다.

조수삼은 남쪽 지방에서 삼 년 동안 지낸 적이 있었다. 그
는 서울로 돌아오자 서둘러 김예원의 집으로 들렀다. 김예원
의 글씨를 감상하기 위해서였다. 그 옛날, 백아는 자신의 거문
고 소리를 알아주는 종자기를 위해 연주했고, 종자기가 세상

을 떠나자 그 줄을 끊어버렸다고 했다. 더는 자신의 음악을 알아줄 이가 이 세상에 존재하지 않는다는 상실감에서였다. 조수삼의 경우는 그 반대였다. 재주 있던 벗은 되레 자신보다 앞서 생을 마감했다. 백아가 죽고 종자기가 남았다면 그런 느낌이었을까? 조수삼은 더는 볼 수 없는 김예원이, 그리고 김예원의 글씨가 마냥 그리웠을 것이다.

조득렴曹得濂은 일명 조준민曹俊民이라고도 하며, 자는 여수汝秀, 호는 서은書隱이다. 〈구가〉의 인물들 가운데 조득렴과 이단전은 비상한 인물이어서 세간에 매우 잘 알려진 인물들이다. 특히 조득렴은 당대 책 거간꾼이었던 '조신선曹神仙'과 동일인으로 추정되고 있어 문제가 제기된다.[49] 김영진은 〈조선후기 중국사행과 서책문화〉[50]에서 조득렴과 조신선을 동일인으로 추정했다.

조수삼은 〈구가〉에서 그와의 교유시기를 언급했는데, "아이 때 사귄 정이 대머리 늙은이 되어서까지[束髮交情成禿翁]"라고 하여 아주 이른 시기에 그와 친하게 지냈음을 밝혔다.

조득렴은 송석원시사의 핵심 구성원이었다.[51] 조수삼은 젊은 시절 조득렴의 집으로 찾아가 종종 그와 함께 시를 지었다.[52] 어떨 때는 한 달 내내 두 사람이 함께 지내며 시 짓고 술 마시며 시간을 보낼 만큼 돈독한 사이였다.[53] 길에서 사람을

만나면 술부터 찾았을 만큼 조득렴 역시 애주가였다.[54]

조득렴이 조신선과 동일인이라는 추정을 하게 하는 것은 〈포옹의 시에 화운하여 조신선에게 주다[和匏翁韻贈曹神仙]〉라는 시다. 실제로 조득렴과 화운한 시들은 그의 행적에 대해 매우 묘연하게 표현한 경우가 많다.[55] 따라서 조득렴과 조신선이 동일인이라는 가능성을 제기해볼 수도 있지 않을까.

이단전의 자는 운기耘岐 혹은 경부耕傅이며, 호는 필한疋漢 혹은 필재疋齋다. 이단전은 중인도 아닌 '천민' 출신이었다. 그의 호인 필한疋漢은 그야말로 '하인 놈'이라는 뜻이다. 스스로 붙인 그의 호에서 복잡한 감정이 포착된다. 자조 섞인 어조인 듯하다가도 어찌 보면 당당함마저 느껴진다. 이단전 역시 《경원총집》을 통해 조수삼과 매우 일찍부터 교유했음을 알 수 있다. 조신선의 경우와 마찬가지로 조수삼은 이단전의 전기傳記를 써서, 그의 존재를 세상에 알리기도 했다.[56] 《경원총집》에는 이단전과 교유하던 초기에 그가 어느 날 빗속을 뚫고 와서 본인의 〈금강산 시[金剛岬]〉에 제題를 써달라고 부탁하기도 했다는 시가 실려 있다.[57]

이와 비슷한 일화는 〈이단전전〉에도 실려 있다. "일찍이 바람이 세게 불고 눈이 몹시 내리던 날, 급하게 문을 두드리는 소리가 나서 나가보니 바로 이단전이었다. 그는 소매에서 자기의 〈금강산 시〉를 꺼내 보이며 이렇게 말하는 것이었다[嘗一日大風雪, 有敲門聲甚急, 視之則佃也, 袖出其金剛山詩曰…]."

이단전이라는 사람도, 조수삼과 얽힌 일화도 매우 극적이다. 조수삼은 그의 죽음을 애도하는 〈곡단전哭亶佃〉이라는 만시를 따로 지었다. 이 시의 자주自註에는 다음과 같이 기록되어 있다. "단전이 일찍이 말한 적이 있다. '도성 근처의 여러 산들은 한 푼의 값어치도 없으나, 훗날 나를 묻은 곳은 곧 영기靈氣가 있게 될 것이오'라고 했다[亶佃嘗曰, 近城諸山無一置錢, 後日葬我處, 乃有靈氣云]."

■ 연행과 연행사절의 구성

조선시대에 중국으로 갔던 사신 행차는 크게 두 가지로 나뉜다. 하나는 조선에서 명明나라로 가는 사행인 조천행朝天行이며, 다른 하나는 조선에서 청清나라로 가는 사행인 연행이다. 조천행이 '천자에게 조회하러 가다'라는 뜻이 있는 반면, 연행은 수도인 '연경燕京(북경)으로 가다'라는 뜻으로, 명칭에서부터 한결 무게감이 덜 느껴진다. 조선에서는 1644~1876년까지 600회가 넘는 연행사절이 파견되었으며 당시 수행했던 인원들 역시 상당했다.

연행사절은 정사正使·부사副使·서장관書狀官의 삼사三使와 이들을 수행하는 역관, 의관醫官, 군관軍官, 마두배馬頭輩, 시종侍從, 의주지역의 만상灣商들까지 다양한 계층으로 구성되었다. 게다가 삼사가 각자 데리고 가는 반당伴倘(삼사와 친분이 깊은 이들로 실제로 문반이 대부분이지만 '군관'의 명목으로 수행하는 이들)과 자제子弟들을 합한다면 연행사절에 참가한 인물들의 스펙트럼은 꽤 넓다고 볼 수 있다.

특히 삼사의 친분으로 동행했던 반당들은 사대부, 서얼, 중인층까지 당시 조선사회의 지식정보를 유통하고 향유했던 이들이다. 그렇기 때문에 삼사와 반당들이 남긴 연행의 기록들은 때로는 그다음 사절이 참고할 만한 객관적 정보로써, 혹은 해외 체험의 감회가 녹아 있는 문학작품으로써 널리 활용되고 감상되었다.

■ 조수삼의 연행 기록

조수삼이 다녀온 여섯 번의 연행을 이해하기 쉽도록 아래 표로 정리
했다.

차수	연행연도	사행 특성	삼사 구성원	비고
제1차	1789년 10월	진하사은겸삼절년공사 (進賀謝恩兼三節年貢使)	정사: 이성원(李性源) 부사: 조종현(趙宗鉉) 서장관: 성종인(成種仁)	이성원의 서기(書記) 자격으로 동행
제2차	1800년 4월	진주겸주청사 (進奏兼奏請使)	정사: 이병모(李秉模) 부사: 이집두(李集斗) 서장관: 박종순(朴種淳)	귀로(歸路)에서 정조(正祖)의 부음을 들음
제3차	1803년 10월	삼절년공사 (三節年貢使)	정사: 민태혁(閔台爀) 부사: 권선(權襈) 서장관: 서장보(徐長輔)	동화(東華) 이해응(李海應)과 동행
제4차	1806년 10월	동지겸사은사 (冬至兼謝恩使)	정사: 심능건(沈能建) 부사: 오태현(吳泰賢) 서장관: 이영로(李永老)	
제5차	1818년 6월	심양문안사 (瀋陽問安使)	정사: 한용귀(韓用龜) 서장관: 조만영(趙萬永)	
제6차	1829년 10월	동지겸사은사 (冬至兼謝恩使)	정사: 유상조(柳相祚) 부사: 홍희근(洪羲瑾) 서장관: 조병귀(趙秉龜)	우선 이상적과 동행

■ 죽지사

'죽지竹枝'는 본래 민간에서 부르던 노래 중 하나다. 즉, 중국 변새 지역의 소수민족이 부르던 가체歌體로서 '이가夷歌' 혹은 '이가俚歌'에 그 근원을 두었다고 할 수 있다. 그렇기 때문에 지역의 민속과 풍정風情이 노랫말과 어조 속에 구현된다. 그러나 당나라 문인 유우석劉禹錫을 필두로 백거이白居易 등의 문인들이 죽지체竹枝體를 취해 작품을 창작함으로써, 이는 소수민족의 토속적인 노래[土謠]나 혹은 민가民歌가 아닌 일종의 문학 양식으로 자리 잡게 되었다는 설이 일반적인 통론이다.

죽지사는 대부분 칠언 절구의 형식으로 창작되며, 시대를 따라 그 형태가 변모한다. 단편 소시의 형태에서 점차 연작시나 조시組詩의 형태를 띠는 것이다. 칠언 절구에 미처 담아내지 못한 지역의 정보와 정서들은 산문의 주註로서 첨가하기도 한다.

명대와 청대에 이르러서는 이렇게 칠언 절구의 시와 산문 주가 결합된 죽지사 창작이 매우 늘어난다. 조수삼의 〈외이죽지사〉도 이와 같은 형식으로 창작되었다. 즉, 한시의 서정성에 산문의 정보력이 더해졌다고 볼 수 있다.

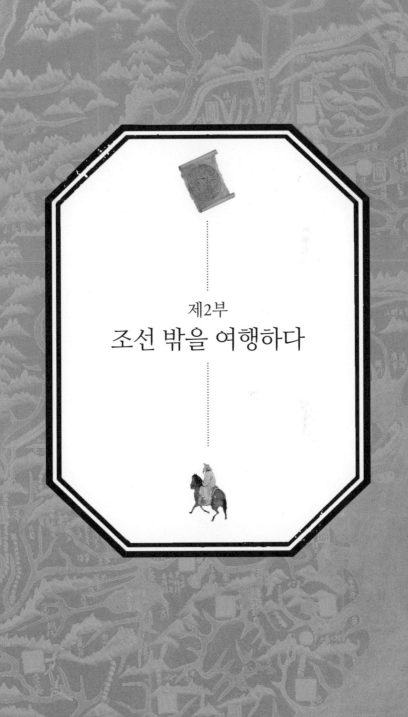

제2부

조선 밖을 여행하다

제1장
동아시아의 허브를 체험하다

남아라면 멀리 노닐 꿈을 가져야 하는 법

조수삼은 일생 동안 모두 여섯 차례의 연행을 한다. 제1차 연행은 정사正使였던 호은湖隱 이성원李性源의 서기 자격으로 동행했으며, 나머지 다섯 번은 종사관이나 반당의 자격으로 참여했다. 조수삼은 역관이 아니었다. 그런 점을 감안하면 꽤 많은 횟수로 연행을 다녀왔다. 29세에 첫 연행을 떠나 68세에 마지막 연행을 갔으므로 연행은 그의 전 생애에 걸쳐 있다고 해도 과언이 아니다. 지금처럼 전자 여권 하나로 자유롭게 외국을 오갈 수 있던 시절이 아니기에 그 의미는 더욱 남다르다.

게다가 그는 중인 신분이 아니었던가.

남자로 태어났으면 천하에 뜻을 두어야 하건만, 조그만 구석에 태어나 몸을 구부리고 있어 펴지도 못하고 좁은 데 갇혀 있어 넓은 데로 나가지도 못하며, 흔적도 없이 사라져 흙 속의 벌레나 우물 속의 개구리와 같은 꼴이 되고 만다면 참 슬픈 일이다. 나는 시대를 잘못타고 태어나 사신으로 중국에 가지도 못하고 큰 배를 사서 오호五湖로 갈 수도 없었다. 단지 서적을 만지작거리며 가끔씩 몰래 탄식할 뿐이었다.

기유년(1789) 겨울, 노상蘆上 이상국李相國(이성원)께서 사신으로 임명되자 글을 책임질 사람을 고르면서 외람되게도 내게 "문자 기록하는 책임을 부탁하겠네"라고 하셨다. 내가 비록 부끄럽게도 나라를 빛나게 할 솜씨는 없지만, 일찍이 세상을 널리 보고픈 뜻이 있었기에[觀周之志] 나서서 사양하지 않았다.

이 해 10월 15일에 행장을 꾸려 12월 15일에 연경에 들어가서 이듬해 3월 26일에 귀국하니, 길에서 보낸 시간은 대략 120여 일이었고, 관사에 머문 날을 헤아려 보니 46일이었으며, 얻은 시편은 거의 70편이었다. 그러나 그 산천·풍토·요속·득실은 진실로 나같이 보잘 것 없는 이가 기록해둘 수 있는 것이 아니었다. 이 말기末技로 다행히 천리마 꼬리에 붙어갈 수 있었으니 대저 오고 가며 들은 것을 기억하고, 맞이하고 보내는 가운데 수창한 것들을 재주가 보잘것없다는 핑계로 빠뜨리지만 않는다면 또한 다행일 것이다. 하지만 이 또한 중화中華의 한쪽 구역에 지나지 않으니 사마천司馬遷이 노닌 것에 비유하자면 백 보를 유람한 웃음거리에 지나지 않는 것이다. 이 또한 허벅지의 이[蝨]가 겨드랑이의 이[蝨]에게 자랑하는 격이다.[1]

조수삼은 29세에 처음 북경 땅을 밟게 되면서 연행시집[2]을 남겼다. 위의 내용은 그 시집의 서문이다. 그리고 처음으로 조선 밖 풍경을 구경한 그는 감격한다.

우리는 조수삼이 평소에 어떤 뜻을 지니고 있었는지 이 서문을 통해 짐작할 수 있다. 이는 "세상을 널리 보고픈 뜻[觀周之志]"이라는 말로서 요약된다. '관주지지觀周之志'란 춘추시대 오吳나라 공자公子였던 계찰季札이 노魯나라에 사신으로 가서 주악周樂을 감상한 뒤 여러 나라의 치란과 흥망을 깨달았다는 말에서 유래한다. 이후엔 다른 나라로 사신을 가서 견문을 넓히고, 인식을 확장시키는 기회를 얻었을 때의 비유로 썼다.

조수삼은 본인을 "시대를 잘못 타고난" 인재人才로 인식하고 있다. 자신에 대한 자부심이 묻어 있는 동시에, 현실과 배치되는 좌절감을 느낄 수 있는 대목이다. 그는 승문원의 서리직에 있으면서, 조정을 드나드는 많은 문사文士들을 접했으며, 이덕무와 성대중의 영향으로 중국과 일본에 대한 정보를 들을 수 있는 기회가 많았을 것이다. 승문원이라는 관서의 특징이 외교 문서들을 다루는 곳이라는 점도 크게 작용했다. 이로써 본다면 조수삼과 이성원과의 만남이 결코 우연은 아니었다.

조수삼의 서문에는 정사였던 이성원이 직접 그에게 서기직 書記職의 수행을 권유한 것으로 되어 있으나, 《이향견문록》의 기록은 이와 조금 다르다. 이성원이 정사가 되어서, 연행 기간 동안 본인과 더불어 바둑을 두고 시문을 읊을 반당을 구했는 데, 이에 조수삼이 본인을 스스로 추천했다는 것이다.[3] 평소에 바둑을 좋아했던 이성원은 그와 일찍부터 사귀지 못했음을 안타까워했다는 내용도 있다. 상황이 그렇다고 하더라도 조수삼 의 입장에서 먼저 "나를 데려가주시오"라고 했을 리 만무하다.

가장 신뢰해야 할 자료는 조수삼 본인이 심혈을 기울여 작 성한 연행시집의 서문일 것이다. 삼사와 역관, 의원 등을 제외 하면 나머지 수행원들은 명단에 기록할 형식적인 직함만 있을 뿐, 그 역할에는 큰 차이가 없었다. 결국 반당과 서기는 크게 다르지 않다는 말이다.

원유를 통해 자아를 찾고자 했던 열망

조수삼은 남자로 태어나 천하에 뜻을 두지 못하는 한미한 처지임을 한탄했는데, 이는 연행이라는 좋은 기회를 접하기 이전 그를 괴롭혔던 갈등의 양상을 그대로 보여준다. 젊은 시절이었으므로 포부가 컸을테지만 그 포부를 실현하기는 여의치 않았다. 그는 20대에 가까운 곳으로 유람을 간다거나, 지인의 서재를 방문하는 것 외에는 대부분 본인의 서재에서 독서와 저술에 몰두하며 시간을 보냈다. 하지만 그 속내에는 자신이 처한 공간들을 벗어나, 자신에게 존재의 가치를 부여해줄 원유遠遊의 꿈을 지니고 있었다.

〈운욕산인의 시에 화답하여[和雲峪山人]〉

남자로 조지원의 친구 되지 말게나[男子莫作芝園友]

술 취하면 미칠 듯 소리치고 거칠다[狂呼醉罵極粗莽]

여자로 조지원의 아내 되지 말아라[女子莫作芝園婦]

집 안 쌀독 비어도 바깥으로 돌테니[家無儋石常浪走]

곁에 있는 이들 모두 기이하다 탄식해도[傍人歎息一稱奇]

큰 명예 불후에 드리운 듯 기뻐하네[喜如鴻名垂不朽]

열다섯 살에 혼인한 후 은하수 향하고자 했고[十五束髮向天津]

《경원총집》, 동국대학교 박물관 소장

조수삼이 1793년에 정리한 초기 저작으로 《죽서수창竹西酬唱》, 《다산집유茶山輯遺》, 《연행기정燕行紀程》, 《청야만영靑野漫詠》이 들어 있다. 이를 통해 조수삼의 세계관과 연행 기록, 다양한 교유 관계 등을 확인할 수 있다.

스무 살에는 장안長安의 봄 노닐고자 했지[二十徧游長安春]

오 땅의 재자처럼 문文은 운명이 되고[吳中才子文爲命]

낙하의 시인처럼 글을 많이 썼다네[洛下詞人書等身]

큰 별을 끌어안아 가슴에 담아두고[包羅星斗在胸中]

네 마리의 말을 끌고 어찌 그리 분주했나[結駟馳逐何紛繽]

(중략)

병이 많은데다 평탄치 못함 더해지고[多病旣自增偃蹇]

관직은 한미해져서 더욱 보잘것없었지[官閒益復無聊爲]

삶이 이와 같으니 누가 알아줄런지[有生如此人誰識]

술이 달아오르면 종종 통곡했다네[酒酣往往痛哭之]

조수삼의 흉중胸中에 품은 포부, 그 포부가 현실과 배치되어 갈등하는 모습은 비단 개인에 국한된 문제만은 아닐 것이다. 그 시대 중인들이 느꼈을 법한 좌절과 결핍감이 구절마다 묻어난다. 집안의 살림을 돌보지 않고 바깥으로 떠도는 것을 좋아하니 여인들에게는 자신의 아내가 되지 말라고 충고한다. 15세에 '천진'을 향했다는 말은 과연 어떤 의미일까? 이는 중국의 지명을 의미하는 것이 아니라 말 그대로 '은하수'를 가리킨다.

우리는 한대漢代 인물인 장건張騫이 서역西域에 사신으로 갔다가 뗏목을 타고 은하수를 다녀왔다는 고사故事를 잘 알고 있다. 조수삼 역시 그에 빗대어 멀리 노닐어보고자 했던 '원유遠遊'의 포부를 밝힌 것이다. 서역의 36개국을 유람했다던 장건과 같이 좀더 넓은 세상으로 향하고자 하는 마음이 15세부터 자리 잡았던 것이다. 오 땅의 재자才子와 낙양의 시인들로 자신을 비유하는 부분에서는 시인묵객詩人墨客으로서 강한 사명감과 의지 또한 엿볼 수 있다. 좁은 곳에 갇혀 있지 않고, 네 마리의 말을 엮어 무제한의 공간에서 꿈을 실현시키고픈 마음은, 그가 서문에서 밝힌 '관주지지'와 맥을 함께한다. 여기까지가 그가 꾸고 있던 꿈이다.

하지만 현실은 냉혹하다. 현재 한미한 관직인 그는 보잘것없으며, 그 삶의 자취를 아무도 알아주지 못할까 자주 술기운을 빌어 통곡한다. 그의 원유에 대한 열망과 자신의 처지에 대한 갈등을 한마디로 표현해주는 구절이다.

이 시는 《경원총집》에 실려 있다. 시의 편차를 감안할 때, 1787년에서 제1차 연행이 있었던 1789년 사이에 지은 것으로 추정된다. 당시만 해도 추재는 자신이 중국을 직접 견문하리라고 예상하지 못했던 듯하다. 그가 늘 바라오던 원유의 꿈은 얼마 지나지 않아 실현되었다. 실로 드라마틱한 반전이다.

연행이 그가 지녔던 갈등을 단번에 해소시켜주었다고 단언

할 수는 없다. 하지만 조수삼의 인생에 커다란 자극이 되는 동시에, 자신의 존재 가치를 느낄 수 있는 좋은 기회였음은 분명했다. 첫 연행 후 그는 종종 당시의 추억에 잠기곤 했다. 그리고 그리워했다. 이는 자의든 타의든 간에 그를 여섯 번에 걸친 연행으로 이끈 원동력이었다.

연행사를 따라 북경으로 간다는 것은 영예로운 일임과 동시에 상당한 위험을 동반한다. 험한 노정에서 병들거나 다치기 십상이기 때문이다. 더구나 신분상으로도 층층시하層層侍下의 처지여서 누구보다 고단하다. 그럼에도 연행이 조수삼을 매료시켰던 이유는 따로 있었을 것이다. 연행에서 남긴 그의 시 속에 그 매력적인 화소譁笑들이 고스란히 담겨 있다.

이제 그가 처음으로 경험한 조선 밖 풍경을 따라가 볼 예정이다. 북경으로 가는 여정에서 지은 시들은 그가 오감五感으로 그린 지도와 같다.

조수삼의 연행시를 통해 드러나는 해외 체험의 인상은 대략 크게 두 가지로 나뉜다. 하나는 선진 문물에 대한 경이로움과 인식의 전환 차원이고, 다른 하나는 청나라 문인 학자들과의 교유 속에서 자아를 찾는 과정이다.

제2장
북경, 낮설고도 화려한 곳

노구교 위에서 본 화려한 밤 풍경

조수삼이 북경으로 들어갔을 때는 겨울이었다. 동지사절로 가는 연행사들은 예외 없이 북경에서 정월 대보름을 맞이한다. 그런 이유로 조수삼은 온갖 등이 환하게 켜져 있고 여기저기서 폭죽 소리가 요란한 북경의 거리 풍경을 직접 목격한다. 그의 작품 가운데 〈해전죽지사海甸竹枝詞〉라는 시가 있다. 해전은 북경 일대를 칭하는 말이다. 좀더 자세히 설명하자면 북경성 내성內城 서직문西直門 밖에 있는 지역으로 창춘원暢春園, 이화원頤和園, 원명원圓明園, 노구교蘆溝橋 등의 명승지가 있으며 호권虎圈과 상원象園 또한 접해 있어서 북경의 볼거리가 모두 모여 있는 곳이라 할 수 있다. 북경에 거하던 역대 제왕들은 이곳을 유흥의 중심으로 삼았다고 할 정도이니, 조선 사신들에게는 경이로운 이국 풍경을 제대로 접할 수 있는 최적의 장소였던 것이다.

철판교鐵板橋에 푸른 물결 비치는데[鐵板橋頭暎綠波]

궁궐의 담장으로 서향화瑞香花 비스듬해[宮墻斜出瑞香花]

붉은 털모자 쓴 오랑캐 하인이[大紅氈笠蠻奴子]

한가로이 몽고왕 흰 낙타를 씻기고 있네[閑洗蒙王白橐駝]⁴

위의 시는 〈해전죽지사〉 제1수에 해당하며, 조수삼의 연행시 가운데 가장 유명한 작품이다. 그는 이 시가 청나라 문인들에게 호평을 받자, 귀국 후 당시 시단의 존경을 받던 취송醉松 이희사李羲師에게 평을 받고자 했다.

그렇다면 시에서 묘사한 '철판교'는 과연 어디일까? 이곳은 일명 '마르코 폴로 다리Marco Polo Bridge'라고 불리던 노구교였다. 마르코 폴로는 《동방견문록Divisament dou Monde》에서 이 다리를 다음과 같이 묘사했다.

노구교

마르코 폴로가 《동방견문록》에서 아름다운 다리로 묘사하면서 일명 '마르코 폴로 다리'로 불리던 곳이다. 대리석으로 화려하게 장식한 북경의 명승지로, 이곳에서 조수삼은 북경의 풍경을 내려다볼 수 있었다.

그리고 이 강 위에는 매우 아름다운 돌다리가 하나 있는데, 여러분은 그렇게 아름다운 것, 아니 그것에 버금갈 만한 것은 이 세상 어디에도 없다는 것을 알아야 할 것이다. 어찌해서 그러한지 여러분에게 보여주리라.

여러분에게 말하지만 그 길이는 거의 삼백 보이고 폭은 여덟 보여서, 열 명의 기사들이 나란히 서서 갈 수 있다. 그것은 잘 다듬어진 회색 대리석으로 기초가 잘 세워져 있다. 다리 양쪽에는 대리석으로 된 난간과 기둥들이 다음과 같은 모양으로 세워져 있다. 다리 시작 부분에 대리석 기둥이 세워져 있고, 그 기둥 아래에는 대리석으로 된 사자 한 마리가 있으며 기둥 위에 또 한 마리의 사자가 있는데 매우 아름답고 크며 아주 잘 만들어져 있다. 그리고 이 기둥에서 1.5보 떨어져서 마찬가지로 두 마리의 사자가 붙어 있는 똑같은 기둥 하나가 세워져 있다.

하나의 기둥에서 다른 기둥까지의 공간은 회색 대리석으로 된 돌판으로 막았는데, 그것은 사람들이 물에 빠지지 않게 하기 위해서다. 이런 식으로 처음부터 끝까지 되어 있는 이 다리는 너무도 아름답다.[5]

마르코 폴로는 이 다리를 전대미문의 아름다운 다리로 묘사했고, 이로 인해 유럽인들은 노구교라는 이름보다 '마르코 폴로 다리'가 더 친숙했던 모양이다. 조수삼은 이 아름다운 다리를 보고 '철판교'라고 칭했다. 노구교는 돌로 만든 다리인데 돌기둥을 다리와 위아래에 세우면서 쇠를 녹여 부어서 고착시켰다.[6] 조수삼의 눈에는 다리에 박아 놓은 철판이 인상 깊었나보다.

그는 이어서 해전 서쪽으로 길게 시선을 옮겨, 궁장宮墻으로 비스듬히 늘어져 있는 서향화瑞香花를 묘사했다. 서향화는 장미과의 하나로 그 향기가 매우 진하다. 다리 아래에는 큰 홍전립紅氈笠을 쓴 몽고의 하인이 왕의 하얀 낙타를 씻기고 있는 모습을 묘사함으로써 색의 강렬한 대비를 이룬다. 홍전립은 내몽고 복식의 특징 중 하나이며, 낙타 또한 몽고의 소산이다. 물가에서 몽고인이 낙타를 씻기는 풍경은 낯설지 않을지라도 처음 중국 땅을 밟은 조선 사람에겐 이 모든 것이 신기할 뿐이다.

서산의 보름달 이미 아름답고[西山正月已淸嘉]

돌길에는 먼지 없어 수레 다니기 좋다[石路無塵好放車]

양주에 이르러 갈고羯鼓로 재촉했는지[按得揚州催羯鼓]

하룻밤 사이 온 성에 꽃이 가득하구나[一宵開遍滿城華]

노구교를 읊은 시가 낮의 풍경이라면 위의 〈해전죽시사〉 제

2수는 보름밤의 풍경이라 할 수 있다. 조수삼의 시선은 서산 쪽으로 옮겨가는데, 달은 이미 둥글어 맑고 아름답게 빛나고 있다. 보름달만 해도 밝고 맑은 기운이 넉넉한데, 도시 전체에 등시燈市가 열렸다. 북경의 정월 대보름은 곳곳마다 등 축제로 대낮 같다. 이러한 북경의 정월 대보름 풍속은 그 연원이 오래되어 현재까지 이어오고 있다.

조수삼의 눈에 들어온 화려한 북경의 모습은 역사상 가장 번화한 도시였던 '양주'를 연상케 했다. 당 명황이 갈고라는 북을 쳐서 봉오리만 맺혔던 꽃을 활짝 피게 했듯이, 정월 대보름 북경의 밤에도 꽃이 피듯 등불이 환하게 켜졌다는 의미로 해석된다. 하룻밤 사이에 온 성이 화려해졌다는 것은 아마도 등 축제 준비가 이루어지고 있음을 의미할 것이다. 〈해전죽지사〉는 하루 동안의 풍경을 적은 것이 아니라, 정월 대보름 등 축제가 진행되는 3~4일을 담아낸 시이기 때문이다.

옥하는 수정처럼 맑은데 새벽빛이 열리니[御河晶白曉光開]

오색 용선을 힘껏 당겨 돌리는구나[五色龍船力挽回]

붉은 깃발 짝지어 코끼리 타고 나오니[對對紅旗跨象出]

쇠 신발로 쌍쌍이 얼음을 밟고 나오네[雙雙鐵屩跑冰來]

명대 원소절 행락도(위)와 현재 베이징 원소절 풍경(아래)

북경에서는 정월 대보름(원소절)에 도시 전체에 등을 다는 축제를 열었다. 정월 대보름 축제는
3~4일 동안 진행되었고, 이벤트를 구경하는 인파로 인해 시끌벅적한 풍경을 연출했다.

위의 〈해전죽지사〉 제3수에서는 하룻밤이 지나 새벽이 밝아
올 무렵을 묘사하고 있다. 연희단演戲團은 붉은 깃발을 짝지어
서 코끼리를 타고 등장한다. 정월 대보름인 당시는 한창 추울
때이므로 코끼리들이 쇠 신발로 얼음을 밟으며 나온다고 표현
한 것이다.

경풍도 밖에 화렴火簾 드리우고[慶豐圖外火簾垂]
종이 나비 팔랑이다 옥 계단에 부딪히네[紙蝶紛紛打玉墀]
'만수태평' 한 곡을 부르니[萬壽太平歌一曲]
걸려 있는 등 사이로 글씨가 선명히 나타나네[分明書出掛燈枝]

〈해전죽지사〉 제4수에서는 드디어 등희의 서막이 열렸다.
여기서 화렴, 즉 불로 만든 주렴은 과연 무엇일까. 화렴은 철
사를 엮어 만든 발인데, 그곳에 불을 붙이면 글씨가 선명하게
드러나게 만든 이벤트 도구다. 요즘도 지역의 축제에서 흔히
보는 풍경이다. 음악은 사방에서 울려 퍼지고 불을 붙인 글씨
가 선명하게 타오른다. 그야말로 조수삼은 이목耳目을 사로잡
힌다.

푸른 물결 붉은 난간의 십칠교[綠浪紅欄十七橋]

은은한 선궁이 마치 동굴 속처럼 고요하네[仙宮隱隱洞中簫]

구주九州와 삼신산이 굽이굽이 다 나오는데[九州三島回回盡]

봄바람에 돛단배 하나만 아득하구나[只是春風一帆遙]

　그간의 시끌벅적한 풍경과 달리 위의 〈해전죽지사〉 제5수에서 묘사한 모습은 매우 정적으로 느껴진다. 아마도 소란한 등희 뒤에 남은 고요함일 것이다. 이처럼 〈해전죽지사〉는 북경의 정월 대보름을 전후로 한 풍정을 묘사한 시다. 조수삼은 강렬한 자극으로 다가왔던 북경의 정월 대보름 풍경을 잊지 못하는데, 다음 시에서 그 일단을 볼 수 있다.

작년 그믐에는 연경에 있었으니[去年今日在燕京]

경구비마輕裘肥馬는 나는 듯 사행을 쫓았지[裘馬翩翩逐隊行]

내사內史의 풍류는 사해를 기울이고[內史風流傾四海]

중서中書의 문재文才는 몇 개 성의 가치라[中書文藻價連城]

백 곡의 술 실은 수레 낙타는 땀이 나고[酒車百斛駝生汗]

폭죽놀이 천 마당에 펼쳐 귀신까지 겁먹었다[火戲千場鬼吃驚]

이러한 노닒이 꿈결 같아 슬퍼하니[妓遊如夢隔惆悵[7]]

어두운 등불, 눈보라 속에 찬 시계를 대하네[暗燈吹雪對寒更][8]

이는 〈경술년 그믐밤에[庚戌除夕]〉라는 시다. 경술년(1790)
이면 그가 연행을 마치고 귀국한 해다. 처음으로 체험한 이국
의 풍경. 이는 그에게 매우 의미 있는 경험이었다. 내사나 중
서는 그가 만났던 청나라 시인묵객들을 말한다. 조수삼은 그
곳의 사람들도, 눈과 귀를 사로잡던 화려함도 그리웠다. 정월
대보름 전후로 내내 귀를 울리던 폭죽 소리는 여전히 쟁쟁하
지만, 본인은 지금 다른 시공간과 마주하고 있다. 그리고 이내
현실로 돌아온 처지를 슬퍼한다.

'다시 북경을 갈 수 있을까?'

그가 직접 토로하지는 않아도 시의 행간에서 연행을 향한
열망을 충분히 감지할 수 있다.

연행의 감흥을 시로 남기다

이 같은 그의 심정은 꽤 오랜 기간 동안 지속된다. 13년 후인
1803년, 조수삼은 그 당시의 기억을 하나하나 떠올려 〈억석
행憶惜行〉을 짓기에 이른다. 제목 그대로 '지난날을 회고하는'
시다. 이 시는 악부樂府 고시古時의 형식을 취했는데, 시의 제
목에서 말하는 '지난날[昔]'이란 바로 경술년 북경에서의 대보
름을 의미하는 것이다. 이는 시의 분량 면에서나, 표현 기법

면에서 단연 조수삼의 득의작得意作이라 할 수 있다.

이 시는 연행의 노정에서 즉흥적으로 지은 작품이 아니다. 그는 귀국한 후 차분한 마음으로 당시의 경험을 하나하나 반추한다. 13년이 지난 후에도 그 감흥을 사실적으로 살려낼 수 있었던 근원적인 힘은 어디에 있을까. 이제 그의 기억은 시 구절을 따라 차례로 되살아난다.

옛날을 생각해본다 건륭 경술년에[憶昔乾隆庚戌年]

우리나라 사신 따라 서쪽으로 연경에 들어갔네[隨我國使西入燕]

연경에 즐비한 삼백만이 넘는 집들[燕京三百萬餘戶]

금은으로 지은 궁궐 높이가 하늘같았지[金銀宮闕高如天]

검은 발에 재잘거리는 말은 거듭 통역 거쳤고[漆趾鳥言來重譯]

누런 머리 갖옷 입은 이는 사방 땅 끝에서 왔지[黃頭皮服控四沿]

풍년이라 물산이 풍부하고 백성 무사해[年豐物殷民無事]

기름진 쌀이며 흰 조가 논밭 넘쳐흘렀네[稻脂粟雪流陌阡]

상원 가절에 크게 등불을 펼쳤는데[上元佳節大張燈]

정월 보름 등시燈市는 삼 개월 전 이미 열려[燈市已開三月前]

산동 산서의 철갑 입은 노새가 끄는 수레[山東山西鐵騾車]

강북 강남의 비단 돛단배들[江北江南錦帆船]

노구하 강변엔 돛대가 다발 같고[蘆溝河上檣似束]

유리창 밖엔 사람들 어깨 부딪히네[琉璃廠外人磨肩]

〈억석행〉의 첫 단락이다. 사행을 따라 연경으로 들어가는 장면부터 시작해, 연경 내의 번화한 모습을 묘사한 부분이다. 검은 발의 새 울음 같다는 말은 동남아시아 지역 사람들이 자국어로 이야기하는 모습을 비유한 것이다. 노란 머리의 가죽옷 입은 이들은 서역에서 온 사람들을 의미한다. 조수삼은 사방에서 찾아온 사신들이 통역을 거쳐 조공을 드리러 오는 모습이며, 기름진 옥토와 무사태평한 백성들을 목도한 후, 이를 마치 태평성세太平盛世의 모습처럼 인식한 듯하다. 북경의 정월 대보름 풍속 중 등희燈戲는 가장 대표적인 것이라 할 수 있다. 이 축제를 준비하는 데 대략 삼 개월이 소요된다는 점도 이 시를 통해 알 수 있다.

이곳에 모여드는 이들이 어디 외국 사신들뿐이겠는가. 이렇게 번화한 곳에는 상인들이 빠질 수 없는 법이다. 산동, 산서 등 중국 각지에서도 말보다 힘이 좋은 노새를 앞세워 상인들이 왔을 것이고, 강남과 강북에서는 비단 돛을 드리운 상선들이 속속들이 정박했을 것이다. 노구교 아래에 있는 열두 개의 무지개 모양 문으로 그 배들이 출입하는 모습은 장관을 방불케 한다. 그렇기 때문에 그는 배마다 달려 있는 돛대들이 마치

한 다발이라 말했던 것이다.

어느덧 그의 시선이 유리창의 인파 속으로 옮겨진다. 다음
단락에서는 유리창의 세부적인 모습과 더불어 등희의 모습을
구체적으로 그려낸다.

큰 등 작은 등 무수하게 풀어놓자[大燈小燈無數卸]

순식간에 복숭아뼈 잠길 만큼 금화가 펼쳐지네[須臾沒踝布金錢]

큰 등은 높이 달려 해가 솟는 듯[大燈杲杲若日出]

작은 등은 연이어져 별을 엮은 듯[小燈繹繹如星聯]

어룡이며 새, 짐승, 초목, 꽃들과[魚龍鳥獸草木花]

꼭두각시, 괴강신, 귀신, 부처, 신선을[傀儡魁罡鬼佛仙]

양각등과 유리등에 세밀히 붙여 놓아[羊角玻璨細膠粘]

천록과 벽사 문양 서로 얽혀 있다[天祿辟邪相紏纏]

빗살무늬의 팔면 비단 등롱[交疏八面絹紗籠]

다섯 자나 드리운 술, 구슬을 엮고[流蘇五尺珠璣編]

명인의 서화엔 훌륭한 장인匠人이 새겨서[名人書畵良工刻]

붉게 표시된 도장이 편마다 찍혀 있네[血標圖章識篇篇]

동이, 도마, 병, 항아리, 제기, 대야[樽俎缾盎及敦匜]

부채, 신발 장식, 칼, 지팡이, 안장이며 언치까지[扇絢刀杖並案韉]

사람에게 필요한 각각의 기물들이[凡人所需各器物]

다 갖춰져 모두 온전하지 않은 게 없고[無不畢備而俱全]

새알이며 매미 날개, 소, 돼지까지[鳥卵蟬翼牛豕牸]

입으로 숨을 넣고 네모지고 둥글게 손으로 본 떠[口噓手範方且圓]

인력으론 할 수 없다 진작 알고 있었건만[固知人力不能作]

눈에 가득 귀신 솜씨 너무도 놀랍구나[滿目鬼工驚森然]

어떤 것은 아로새겨 영롱하게 소리가 나고[或雕鏤玲瓏玎瑲]

어떤 것은 둘러싸 굴곡지며 맞물렸고[或宛轉屈曲鉤連]

어떤 것은 오색 공작 취조 깃의 장식 수레[或五色孔翠韠車㮋]

어떤 것은 두 끝에 연꽃 지초 장식한 바퀴 덮개[或兩頭荷芝輪捲]

어떤 것은 높은 건물 토하는 성난 용 같고[或如怒蜃吐層觀]

어떤 것은 탁 트인 땅 내달리는 날랜 말[或如快馬奔平川]

어떤 것은 비단 상점 거리를 가로막고[或堵截錦坊街上]

어떤 것은 돌난간 다리 옆을 장식하고[或緣飾石欄橋邊]

어떤 것은 한 푼으로 아이에게 돌아가고[或一文歸諸小孩]

어떤 것은 천금으로 장군에게 팔린다[或千金賣之中權]

장군은 듣자하니 수도首都 구문九門의 제독提督[中權聞是九門督]

부귀와 영광을 혼자 차지한다지[富貴光輝方自專]

이 날은 그 문이 시장처럼 시끄러워[是日其門鬧如市]

걸 것은 자신이 걸고 매달 것은 매달았다[掛者自掛懸者懸]

하물며 지금 황제 기쁘게 돌아보며[況今皇帝喜遊觀]

원명원 가운데 연회 펼쳤음에랴![圓明苑中張高筵]

두 번째 단락에서는 원명원 내에서 펼쳐진 등회와 유리창 내에 진열된 갖가지 진귀한 보물들, 그리고 예술품 등을 화려하고도 치밀하게 묘사했다. 큰 등과 작은 등에 불이 들어오자 그 금빛이 발목까지 차오른다는 표현 덕분에 등회의 화려함을 시각적으로 느낄 수 있다. 등회에 쓰이는 등들은 그 크기도 다양할 뿐 아니라 모양 또한 여러 가지였다. 온갖 동물들과 꽃, 나무, 풀, 불상, 신선의 모양에 이르기까지 이루 헤아릴 수 없을 정도였다. 오늘날 북경의 정월 대보름 등회의 모습과 견주어도 밀리지 않는다.

조수삼은 그 등의 모양까지 세심하게 관찰했다. 등의 종류는 주로 양각등羊角燈이었다. 양각등은 양의 뿔을 고아 만든 얇고 투명한 껍질로 겉을 씌운 등을 말한다. 이 양각등은 평소에도 궁전이나 누각 처마, 뜰 난간에 달아놓는다. 그러나 정월 보름밤에는 특히 신경을 쓴다. 양각등과 유리등 위에 금수초목禽獸草木 그림을 그리고 채색 융단으로 술[流蘇]을 다는데, 매우 화려하고 사치스러운 것이었다.

이와 더불어 그의 기억 속에 강렬하게 자리 잡은 풍경 가운데 하나는 기물器物들의 현란한 모습이다. 이 기물에는 솜씨 좋은 예술가들의 서화에 명장의 전각塡刻이 붉게 어우러져 있다. 골동품과 오래된 고서화古書畵를 애호하던 조선 선비들의 마음을 얼마나 사로잡았을지는 불문가지다.

조수삼은 이 알 듯 모를 듯한 기이한 물건들의 수요자에도 관심을 가졌던 것 같다. 이에 한 푼의 가치로 어린아이의 수중에 들어가는 물건들이 있는가 하면, 천금의 가치로 구문제독의 수중에 들어가는 물건들도 있다고 했다. 구문제독이란 황도皇都의 구문九門을 감독해 살피는 직책이다. 구문제독이 구입한 물건들로 자신의 집을 손수 장식하는 모습을 황제가 즐겨 보는 장면이 시 속에 담겨 있다.

궁궐 숲 해 지자 봄바람 일더니[宮林日落春風起]

푸른 빛 가득 어린 서산 봉우리[碧色靄靄西山巓]

등燈 산과 등燈 바다가 삼십 리 이어지고[燈山燈海三十里]

모든 동네 온갖 기예 펼치라 재촉하네[五坊百技催召宣]

내시의 손 가운데 별 하나 있어[黃門手裏一點星]

기다란 붉은 실 사방으로 바삐 당겨[朱絲百丈紛四牽]

동서남북이며 위 가운데 아래에서[東西南北上中下]

번쩍번쩍하며 황제 자리 앞으로 돌아온다[倏爍還從御座先]

황제 자리 불좌佛座 보다 높이가 높고[御座高於佛座高]

천 떨기 만 떨기의 환한 홍련들紅蓮[千朶萬朶明紅蓮]

층층이 옥 계단에 빙 둘린 회랑[層層玉陛回回廊]

일시에 사방에서 빛이 새로 선명하다[一時四顧光新鮮]

홀연 이내 몸 무릉도원 들어온 듯[忽如身入武陵源]

두 눈이 어질어질 꽃들이 불 붙는 듯[兩眼纈纈花欲燃]

또 서왕모가 여러 미인 모은 듯이[又如阿母會羣娥]

수많은 오색 구슬, 옥밭인 듯하구나[火齊百斛量瑤田]

겹겹의 구슬주렴 중자中字 모양인데[重重珠箔當中字]

큰 것은 한 자 지름 작은 것은 주먹만 해[大可徑丈小如拳]

천하태평 삼만세 이어가기를[天下太平三萬歲]

우순풍조雨順風調 천지에 모두 같기를[雨順風調同八埏]

비껴 있는 편액이오, 세워진 패련이라[橫爲匾額竪牌聯]

구불구불 뜻대로 어지러이 돈다네[曲折隨意紛回旋]

머리 위에 따로 큰 빛이 있으니[上頭別有大光明]

묘안석으로 상감하고 나전을 했다[猫眼之嵌螺子鈿]

극락세계極樂世界 네 글자가 속세를 비추고[極樂世界照十方]

침향과 단향을 살라 갑전향甲煎香을 태우네[炷以沉檀澆⁹甲煎]

거북등에 엎힌 산 그림자 우뚝하고[鰲背負山影矗矗]

용 입에서 물 떨어져 빠르게 흘러간다[龍口滴水流濺濺]

날이 어두워지면서 등회가 본격적으로 이루어진다. 조수삼은 이를 두고 등이 산을 이루고, 바다를 이루어 삼십 리까지 이어진다고 표현해 매우 장관이었음을 짐작케 한다. 황문黃門(내시)이 등회의 서막을 알리고, 황제가 있는 자리로 들어오면 비로소 여기저기서 등불이 새롭게 켜진다. 조수삼은 홀연 무릉도원에 있는 것처럼 놀라움을 감추지 못한다. 등은 대체로 일시에 점등되니 갑자기 주변이 환해지는 느낌은 신선세계를 방불케 하는 새로운 경험이었다. 사람들은 각각 등을 받은 후, '천하태평'이라고 만세 삼창을 한다. 조수삼의 눈을 현란하게 하는 것도 모자라 떠들썩한 소리가 귓가를 자극한다.

실로 장대한 스케일이다. 사방 천지에 등불이 비추는 까닭에, 묘안석으로 상감하고 나전을 한 편액은 번쩍거리며 금세 그의 눈을 사로잡았다. 그 편액에는 '극락세계'라고 적혀 있었는데, 이곳은 만불사萬佛寺일 가능성이 매우 크다. 만불사는 삼 층으로 된 절로서, 절 앞에 세 개의 패문牌門이 위치해 있고, 이 패문 밖에 보경문이 따로 있어서 그 밖으로 나가면 십 층으로 된 높다란 누각이 있다. 누각의 높이는 백여 척이나 되며, '극락세계'라고 쓴 편액이 있다는 것이다.[10] 조수삼의 시구에 따르면 이 편액은 묘안석으로 상감했기 때문에, 등회가 열렸을 때 그 빛에 반사되어 마치 사방을 비추는 듯한 느낌을 받

앞을 수 있다. 세 번째 단락이 등희의 서막과 함께 절정을 묘
사한 부분이라면, 네 번째 단락은 등희에 이어진 연희演戲를
감상하는 대목이다.

백 사람이 등 백 개로 일자一字를 만드니[百人百燈畫爲一]

등은 큰 뱀이요 사람은 노래기 같다[燈如巨虵人如蚿]

한 사람이 등 하나씩 각자 다시 흩어져[一人一燈各復散]

등가燈歌 다퉈 부르니 노랫소리 우렁차다[爭唱燈歌聲闐闐]

페르시아의 피리는 벽옥 피리[波斯之笛碧玉琯]

태국의 거문고 구리실로 현을 매어[暹羅之琴銅絲絃]

부는 사람 뜯는 사람 구슬 꿴 듯 단정해[振者作者如貫珠]

편경은 반 쪼개져 부질없이 걸려 있네[方響半擘空拘攣]

회족回族의 장정은 외줄타기 선보이고[回部健兒呈跳索]

채색 옷의 서양인들 그네타기 경쟁하네[西洋彩衣競鞦韆]

유연한 몸 거꾸로 서 높은 막대에서 날며[蜓身倒竪拚層架]

이리 눈으로 자주 돌아보면서 큰 활을 펼치지[狼視屢回開長弮]

삶과 죽음 순식간에 달려 있을 뿐인데[死生只在咄嗟際]

어리석구나 이 무리들 가볍고 날램만 자랑하다니[愚哉此輩誇輕儇]

등희는 한창 절정을 치닫는다. 백 사람이 각기 등을 들고 일

렬로 모였다가, 다시 흩어지기를 반복하는 인상적인 장면이 연출된다. 이즈음 페르시아[波斯]와 태국[暹羅] 등지의 외국 악기로 연주를 하는데, 이 역시 조수삼의 눈과 귀를 사로잡는다. 연주가 울리는 가운데, 연희가 시작된다. 그가 묘사한 연희의 종류는 '회자정희回子庭戱'와 '서양추천西洋鞦韆' 등 두 가지 정도다.

'회자정희'는 회족의 건강한 남자가 벌이는 외줄타기 묘기다. '서양추천'은 일종의 서양 서커스와 비슷하다. 주로 색깔이 화려한 옷을 입고 아찔하게 공중그네를 타는 기예다. 몸을 유연하게 하여 거꾸로 서서 버팀으로 받쳐 놓은 장치인 층가層架를 날아다니는 것이다. 조선에서는 보기 힘든 잡희雜戱는 북경에 들어간 수많은 조선 사람의 관심을 끌었다. 조수삼 역시 신기한 광경에 집중했지만, 그들의 위험천만함이 우려되었나보다. 기예에는 눈을 떼지 못하는데 사람이 떨어질까 마음 졸이며 구경하는 그의 모습이 눈에 선하다.

등불놀이 끝나기 전 불꽃놀이 이어지자[燈戱未罷繼火戱]
터지는 폭죽 소리 시끄럽게 전해진다[窸窣煇爆相喧傳]
종이 폭죽 땅을 가르고 봄날 번개 치듯[紙銃坼地春雷動]
도화선 공중에 튀어 빨리 활활 타오르더니[藥線騰空廻颷煽]

회자정희(왼쪽)와 서양추천(오른쪽)

회자정희는 회족의 건강한 남자가 벌이는 외줄타기 묘기이고, 서양추천은 일종의 서양 서커스와 비슷한 공중그네 기예다. 조선에서 보기 힘든 잡희는 북경에 들어간 수많은 조선 사람의 관심을 끌었다.

큰 화로에서 쇠 비늘 분분히 떨어져[洪爐鐵鱗落紛紛]

하늘 가득 나비가 놀라 나는 것 같다[滿天蝴蝶驚翩翩]

그림인가 보면 그림이 되고 글씨구나 보면 글씨가 되어서[畫看成畫

書看書]

필세는 소동파 미불이 마음껏 써놓은 듯[筆勢乃蘇米放頹]

징 소리 한 번 울리자 사방이 고요해지고[一聲鳴鑼四寂然]

황제 등불만이 별처럼 세전을 밝혀[惟有御燭如星明細氈]

밤에 잔치 벌이는 누각 경풍도慶豐圖라 하는데[夜讌樓曰慶豐圖]

꿩이 날고 새가 돌듯 아름다운 처마라[翼如翬飛而鳥躊]

선경仙境이 태액지太液池의 물 너머에 있어[太液池水隔十洲]

황룡의 큰 배로 건너야 하네[濟以黃龍之大艑]

누각 처마 물방울은 세 개 등불은 만 개[樓簷三滴燈萬顆]

찬란한 자수 묶음과 비단 다발들[璀璨繡束與錦拴]

만주족 친왕 누각 위에 앉아 있고[貝勒親王樓上坐]

보로로 벽 친 장막 꽃이 너울거린다[氍毹壁衣花褊襈]

막 잡은 신선한 고기 언덕인듯 구릉인듯[擊鮮則如坻如陵]

거른 술 강이 되고 못이 된다네[釃酒則爲江爲淵]

황제의 은혜가 먼 사람에게도 미쳐[爲龍爲光幾遠人]

한 뜰에 만국이 모두 모였다[一庭萬國咸至焉]

벼슬 주고 먹을 것 주고 또 비단 주는데[賜爵賜饌又賜錦]

가는 모시 띠풀 바치고 또 진주 바치니[貢錫貢茅若貢蠙]

빈번하게 깊고 넓은 은혜 내려주시어[便蕃賚予汪濊恩]

후히 주고 박하게 받으며 허물이라 생각 않네[自謂厚往薄來之義斯不愆]

제후를 대하는 선왕의 도리, 은혜 두루 미침에 불과한 까닭은[先王 所以饗諸侯之道不過恩無偏]

서로의 믿음 물건 아닌 정성에 달려서이지[相孚在誠不在物]

박 이파리 참외로 그릇을 채우고는[匏葉兎首充豆籩]

궁실의 훌륭한 광경 다시 봄에 있어서랴![況復遊觀宮室百玩好]

등희에 이어 화희火戲가 시작되었다. 화희란 불꽃놀이를 일컫는 말이다. 각 연행록마다 불꽃놀이의 명칭은 다르다. 19세기 연행록인 김경선金景善의 《연원직지燕轅直指》와 박사호朴思浩의 《심전고心田稿》에서는 이를 지포희紙砲戲라 했고, 이해응李海應의 《계산기정薊山紀程》에서는 낙화落火라 지칭했다. 또한 홍대용洪大容의 《연기燕記》에서는 등포燈砲라 했는데, 모두 연경의 정월 대보름에 펼쳐지는 불꽃놀이를 이른 것이다.

조수삼이 언급한 지총紙銃은 화희에 사용되는 종이 폭죽을 의미한다. 그 소리가 마치 총처럼 크다고 하여, 지총 혹은 지포紙砲라 불리기도 했다. 홍대용의 《연기》에서는 이를 상세히 기술했는데, "종이 총[紙砲]이란 종이를 풀로 붙여 통을 만들고, 그 안에 화약을 재는데 아무리 엄지손가락만 한 작은 것이라도 무섭게 울리는 소리가 조총鳥銃이나 다름없다[紙砲者, 糊紙爲筒. 裝以火藥, 雖小如拇指, 其聲響之威猛, 無異鳥銃]"라고 했으니, 그 소리의 충격을 알 만하다.

그는 폭죽이 터지고 나서 날리는 불꽃을 흩날리는 쇠 비늘이나 혹은 나비들이 놀라 날아오르는 모습으로 묘사했다. 또한 이를 두고 그림 같다거나 글씨 같다는 표현을 하기도 한다. 밤하늘을 수놓은 불꽃을 참으로 섬세하게 묘사했다.

천지를 울릴 듯한 불꽃놀이의 굉음이 이어지다가 징 소리에 홀연 주위가 고요해진다. 이로써 하나의 장면이 전환된다. 그의 시선은 요란한 연회 장소에서 황제가 앉아 있는 누각으로 옮겨간다. 밤에 잔치는 벌이는 누각을 '경풍도慶豐圖'라 이른다고 했는데, '경풍도'에 대한 기록은 작자마다 차이가 있다. 조수삼은 앞서 〈해전죽지사〉에서도 "경풍도 밖에 화렴 드리우고[慶豐圖外垂火簾]"라고 하여 경풍도가 그림이 아닌, 일종의 건물로서 묘사한 바 있다. 경풍도에 대한 기록은 김경선의 《연원직지》에도 나오는데, 여기서는 폭죽을 담아놓는 커다란 대나무 상자로 파악했고, 조수삼은 연회가 벌어지는 누각樓閣으로 파악한 것이다. 특히 경풍도의 외관을 "꿩이 날고 새가 돌듯 아름다운 처마라[翼如翬飛而鳥躍]"라고 하여 누각을 형용하는 전형적인 표현법을 사용하고 있다.

마음과 눈 즐겁고 몸이 편하니[心目所娛身所便]
천하의 힘을 다해 한 사람을 받든다[竭天下力奉一人]
백성들 능력 있어 흘겨볼 일이 없고[黔首可能無睊睊]
열 집에서 물건 내니 백금 아낄 수 있지[百金解惜十家產]
한 문제는 천년을 현명하다 칭해지는데[漢文千載稱明賢]
어찌 쓸모없는 놀이로 쉽게 은혜를 다하고 낭비했던가[奈何以無用之戲易竭恩糜費者]
마시고 먹을 것 물처럼 흐르고 금전은 샘처럼 솟아났지[飮食若流金錢如泉]
비록 그러하지만 이 일 나와 상관없어[雖然此事不關我]
생전의 장관에 어리석음 깨우쳐 다만 다행일 뿐[但幸生來壯觀開蒙顓]
눈과 귀로 보고 들었어도 본 것 기록 못해서[獲覩耳目不覩記]
단지 생각만 다할 뿐 깊은 연구 어렵구나[直窮意想難窮硏]
손 꼽으니 조선으로 돌아온 지 13년[屈指東歸十三載]
매양 원소절元宵節 때마다 더욱 서글퍼[每逢元宵還可憐]
눈앞에는 단지 서등書燈 하나뿐[眼前只有一書燈]
어린아이와 아내는 함께 잠들었는데[稚兒拙妻抵足眠]
문 열고 하늘 보니 하늘은 아득하고[出門仰天天蒼蒼]

만 리에 구름 없고 달은 연기 같구나[萬里無雲月如烟]

마지막 단락은 청나라 문물에 대한 새로운 인식 전환 차원
에서 중요한 의미를 내포한다. 도입부분에서는 황명皇命을 받
들 때, 당시 백성들이 어떠한 마음으로 임했는지를 묘사했다.

아계화신阿桂和珅, 복장안福長安, 김간金簡 등이 경사를 축하하는
사무를 총관하는데, 황제께서는 비록 비용을 줄여 간단하게 치르
라고 했지만, 아랫사람들이 봉행하는 것은 되도록 한껏 성대하게
치르려고 했습니다. 안팎의 궁전과 크고 작은 의물들을 모두 새로
마련했으며, 연경에서부터 원명원에 이르기까지의 누대에는 금·
구슬·비취로 장식을 했고, 가산假山에도 사원과 인물을 만들어놓
았는데 그 기괄機括을 움직이면 창문들이 열렸다 닫혔다 하고 인
물들이 움직였습니다. 이런 것들을 마련하기 위한 자금은 무려 수
만 금이나 되는데, 관청 창고의 재물은 조금도 쓰지 않았고, 외방
外方의 여러 성省들에서는 3품 이상의 대관들이 다들 진헌을 했으
며, 수도에서는 각부各部와 원院의 당관堂官들이 쌀과 녹봉을 모두
희사했습니다. 또 양회兩淮의 염원鹽院에서 바친 사백만 금을 보조
하여, 바야흐로 지금 남경南京에서 만들어서 기일에 맞춰 실어다
놓도록 하고 있다고 합니다.[11]

이는 정조 14년(1790) 3월 17일에 연경에서 사행을 마치고 돌아온 서장관 성종인成種仁이 올린 〈문견별단聞見別單〉의 일부다. 1790년 8월 건륭제의 팔순 생일을 앞두고 북경은 그 이전부터 각국 사신들의 행렬과 행사 준비로 분주했던 모양이다. 조수삼은 〈억석행〉에서 등시燈市가 이미 삼 개월 전부터 열렸다고 했는데, 당시 8월에 있을 만수절萬壽節 행사와 겹쳐 그해 상원가절上元佳節은 더없이 화려했을 것으로 짐작된다.

성종인의 보고를 통해 황제는 행사의 비용 절감을 요구했지만, 관원官員들 및 아랫사람들은 경사를 성대하게 치르고자 했음을 알 수 있다. 수만 금의 자금이 필요함에도, 이들은 국고國庫를 쓰지 않고 자발적으로 녹봉과 쌀 등을 진헌했다고 하는 것은 그가 시에서 언급한 내용과 맥락이 통한다. 황제 한 사람을 천하가 힘을 다해 모신다는 표현이나, 백성들이 그러함에 서로 눈 흘기지 않는다는 표현은 "저절로 다스려지는" 태평성세의 모습을 연상케 한다.

그러나 이 시점에서 그는 어조를 바꾸어 검소한 생활로 물산을 풍부하게 했던 한漢나라 문제를 거론하며, 당시 눈앞에서 벌어지던 연희의 사치와 재화 낭비에 일침을 가하는 듯하다. 한문제漢文帝는 제위에 있는 동안 검소한 생활을 하면서 백성의 교화에 힘써 나라가 부강해지도록 만든 대표적인 군주다.

조수삼 역시 이러한 연희를 사치로 간주하면서, 조선 유자儒
者들의 보편적 의견을 나타내는 것처럼 보인다. 그러나 이 시
에서 이것이 주조음主調音은 아니다. 시의 내용은 전반적으로
장관壯觀에 대한 인상과 그로 인한 문화적 충격, 즉 선진 문명
에 대한 충격 등이 주를 이룬다. 자신의 어리석음을 깨칠 수
있었다고 표현한 점은 이를 대변한다고 할 수 있다.

그는 직접 견문한 북경의 장관으로 인해, 평소에 지니고 있
던 청나라에 대한 막연한 선입견들을 떨쳐 버릴 수 있었을 것
이다. 그리고 그것을 조수삼은 '다행'으로 여겼을 것이다. 자
신이 처음 견문한 것을 13년이 지난 다음에도 생생하게 기억
하고 있음은 그가 얼마나 그 시절을 그리워하고 있는지 극명
하게 보여주는 증거다.

시 말미에 그는 자신의 책상 앞에 켜 있는 등불 하나를 묘사
했다. 이를 통해 북경의 등시를 부각시키면서, 등시의 화려하
고 번성한 모습을 대비해 보여주는 것도 시의 효과를 더해준
다고 하겠다. 시간을 거슬러 조수삼이 책상 앞의 외로운 등불
을 마주하고 있는 순간으로 돌아가보자. 이 초라한 등불이 오
히려 13년 전 북경의 시끌벅적한 등 축제로 조수삼을 이끈 것
은 아닐까.

〈억석행〉은 그야말로 지나간 화려한 시절에 대한 그리움,

또는 돌아가고 싶은 마음에서 지은 작품이다. 마지막 구절이 이 시의 의미를 잘 전달해준다. 해마다 돌아오는 정월 대보름에 좁은 방 안에서 초라한 서등書燈을 대할 때면, 제1차 연행에서 경험했던 화려한 등회가 교차하면서 원유의 열망을 자극했을 것임을 쉬이 짐작할 수 있다.

조수삼은 1800년에 제2차 연행을 다녀왔으나, 당시의 여정은 그해 4월에 시작하여 9월에 귀국하는 것이었으므로, 〈억석행〉을 저작할 때까지는 북경의 정월 대보름 풍경을 다시 경험하지 못한 셈이다. 그런 이유로 그의 기억을 더듬어 〈억석행〉이라는 악부 고시로 형상화한 것이다. 아울러 본인이 평소에 존모하던 두보杜甫의 〈억석행〉과 같은 형식을 취해 문학적 완성도까지 염두에 두었다 하겠다.

제3장
만리타국에서
나를 알아주는 이들을 만나다

청나라 문인들과의 특별한 교유

조수삼에게 연행의 의미는 조선 밖 풍경을 직접 경험할 수 있다는 것 외에도 그곳의 '사람들'을 만나는 데 있었다. 그는 여섯 차례에 걸친 연행에서 청나라의 많은 문인 학자들을 만나친분을 쌓았다. 물론 그 사람들 중엔 일회성의 만남에 그치는이들도 더러 있었다. 그러나 자신과 정신적 교감이 이루어졌다 싶으면 되도록 귀국 후에도 인편을 통해 서신을 교환하고자 노력했다.

국내에서도 이미 다양한 인맥을 자랑하던 조수삼이었지만,

이는 분명 계층적 한계를 지니고 있었다. 그는 풍양 조씨 세도 가의 비호를 받고 있으나, 그들과 대등한 입장에서 시詩 벗이 되기는 어려웠고, 시대를 풍미한 김정희의 호감을 얻었지만 그의 문하생으로 대우받지는 못했다. 쟁쟁한 사대부들과 교 유하면서도 결국 '중인 조수삼'의 꼬리표는 늘 따라다닌 셈이 다. 이로 인해 그가 겪었을 심리적 갈등을 짐작하기란 어렵지 않다. 그런 그가 연행을 통해 기대했던 것은 바로 '있는 그대 로의 나, 조수삼'을 알아주는 이들과의 만남이었다. 이는 결코 터무니없는 기대만은 아니었다.

이미 전대前代의 조선 문인들이 이루어놓은 청나라 문인들 과의 학술적 교류는 상당한 성과를 거둔 터였다. 담헌 홍대용, 연암燕巖 박지원朴趾源, 초정楚亭 박제가朴齊家 등을 비롯한 북 학파北學派는 그 초석을 다졌으며, 이를 계기로 양국의 문화 교류가 비약적으로 증진되었고, 그 정점에 김정희가 자리하게 되었다. 이는 김정희 개인의 교류에만 국한된 것이 아니다. 북 학파의 후예들과 김정희의 제자들에게도 이런 교류가 자못 활 발하게 이루어졌다. 이러한 분위기는 서얼 출신이나 역관을 비롯한 중간 계층의 문인들까지 조朝-청淸 학예 교류의 자장 안으로 자연스럽게 끌어들였다.

특히 중인들처럼 조선사회에서 신분의 제한을 받는다거나,

입신立身하지 못한 사대부 출신들에게는 연행을 통한 청나라 문인과의 교류가 일종의 갈등 해소 역할을 해주었다.

조수삼은 북학파보다 후세대였지만 이덕무와 같은 선배 문인들을 통해 교유의 양상을 간접적으로 경험할 수 있었으며, 김정희와 조인영과의 인연 속에서 한중 교류의 정점을 눈으로 확인할 수 있었다. 그는 첫 번째로 임하는 연행에서 다음과 같이 말했다.

쓸쓸히 연행 가는 길가 위에서[蕭瑟燕行路]
아득한 10월의 하늘이구나[蒼茫十月天]
더디게 수레와 말 움직이면서[遲遲動車馬]
일일이 산과 내를 건너가리라[歷歷度山川]
풍토를 보아하니 중국 땅이요[風土觀中國]
사신의 행렬들은 현자 접하리[星槎接上賢]
남자로서 사방에 뜻 두었으니[男兒四方志]
구태여 눈물 펑펑 흘리겠는가[何必涕潸漏][12]

조선의 중인으로 태어나 중국 땅을 밟아볼 기회는 흔치 않았다. 게다가 29세의 젊은 나이에 처음으로 국경을 넘어가려니 만감이 교차했음은 두말할 필요 없다. 동지사행冬至使行이라 가을에 떠나 두 달 가까이 수레와 말을 달려야 북경에 도착하는 험한 여정이다. 천천히 수레와 말을 몰아 국경을 넘으니 산과 강물이 조선의 그것과는 다르다. 조수삼은 이제 중국으로 들어가는구나 싶었을 것이다.

그는 벌써부터 중국의 인사들과 만날 생각을 하니 가슴이 설렌다. 남자로 태어나 큰 세상을 한 번쯤 구경해야 하지 않을까. 그러니 이별의 아픔 따윈 잠시 치워두마 다짐한다. 연행을 가는 설렘과 아쉬움을 동시에 담은 시이지만 아쉬움보다는 설렘이 앞선다. 드디어 '나'를 알아주는 이를 만날 수 있다는 기대 때문이었다. 만리타국에서 그는 어떤 인물들을 만나고 또 어떻게 그들과 공감대를 형성했을까?

첫 연행에서 만난 정진갑과 〈천제오운첩〉

그가 첫 연행에서 만난 청나라 문인 가운데 가장 주요한 인물은 바로 정진갑程振甲이었다. 정진갑의 자는 야원也園, 호는 음전音田으로 안휘성安徽省 흡현歙縣 사람이다. 1784년(건륭 49) 내각중서內閣中書로 선발되어 1786년에는 관직이 이부원외랑吏部員外郞에 이르렀다. 조수삼과 정진갑의 만남은 특히 19세기 청나라 학술과 문예가 당시 조선사회에 어떠한 문화

98

적 현상을 야기했는지에 대한 중요한 단서를 제공하는 것이어서 큰 의미가 있다. 그것은 바로 정진갑이 조수삼에게 주었던 선물에서 비롯된다.

1790년 정월 초하루, 북경에 있는 정진갑의 서실에 들렀던 조수삼은 그가 소장하고 있던 〈천제오운첩天際烏雲帖〉 신각본을 감상할 기회를 얻었다. 〈천제오운첩〉이 무엇인가. 당시 소동파蘇東坡를 흠모했던 이들이라면 한번쯤은 직접 보고 싶어 하던 것이 아닌가. 이는 평소 고동서화古董書畫에 관심이 많았던 조수삼에게 천운과도 같은 기회였다. 더구나 정진갑은 조선에서 온 이 호기심 가득한 선비에게 〈천제오운첩〉을 선물로 주기까지 한다.

앞의 것은 동파 노인의 진적眞蹟과 원元·명明 제공들의 제사題詞와 발문跋文인데, 참으로 둘다 절묘한 것이다. 경술년(1790)에 정월 초하룻날 북경에 들어갔을 때 음전(정진갑)이 소장한 신각본을 내게 주었는데 내가 아주 아꼈기 때문이었다. 을묘(1795) 장지일長至日에 수삼이 지識하다.[13]

조수삼이 〈천제오운첩〉을 받고 얼마나 기뻐했을까 상상해본다. 만일 정진갑의 말대로 이것이 소동파의 진적이라고 한다면 더할 나위 없는 선물이었으리라.

그러나 기실 정황은 이러했다. 당시 소동파를 흠모했던 것으로 유명한 옹방강翁方綱은 〈천제오운첩〉의 유일한 진적을 지니고 있었다. 이외에 탁주涿州의 풍씨쾌설당馮氏快雪堂, 곡부曲阜의 공씨孔氏, 휘주徽州의 정씨程氏가 진적의 탁본을 지녔다고 전해졌는데, 여기서 휘주의 정씨가 바로 조수삼이 만났던 정진갑이다. 거금을 주고 동파의 진적을 구입했던 옹방강은 《복초재문집復初齋文集》 권29에 실린 〈발천제오운첩跋天際烏雲帖〉에서 상세한 고증을 통해 풍씨와 공씨, 정씨가 지니고 있는 것은 진적이 아님을 밝혀놓았다. 이후, 옹방강이 이를 탁본하여 조선에 전해지고, 헌종이 소장하게 된다.

자하紫霞 신위申緯가 이에 대한 발문을 쓰고 신각新刻한 시기는 철종 13년인 1862년이었다. 하지만 진적이 아니었던 정씨의 탁본, 즉 정진갑이 소장한 〈천제오운첩〉은 조수삼에 의해 옹방강의 진적보다 훨씬 앞서 조선으로 들어오게 된다. 이는 조수삼과 정진갑의 만남에서 비롯된다. 1789년(건륭 54)에 정진갑은 이양옥李良玉이라는 이에게 부탁해 이 탁본을 전각하게 했는데, 조수삼이 우연히 1790년[14]에 그를 방문했다가 정진갑에게서 이 신각본을 선물 받게 되었다.

조수삼은 이 〈천제오운첩〉 신각본을 정진갑 본인이 소장하던 진적에서 나온 것이라 여겼지만, 실은 하나의 모본摹本에 불과한 것임을 알지 못했던 듯하다. 진본은 옹방강이 소유한 〈천제오운첩〉이 유일한 것이었고, 김정희 역시 1810년 옹방강의 서실인 소재蘇齋에 들렀다가 그것이 진본임을 감정해주었다.[15]

정진갑에게 받았던 선물이 소동파의 진적이었다면 더없이 좋았겠지만, 이는 진본 여부와 관계없이 당시 청조와 조선 지식인들 사이에서 소동파를 흠모하는 열풍이 있었다는 일단을 보여준다는 데 의미가 있다. 당시 청나라의 학예를 주도하던 옹방강은 소동파의 생일인 12월 19일이 되면 뜻을 같이하는 문인들과 함께 제祭를 지냈는데, 이러한 풍조는 조선에서도 19세기 후반까지 이어졌다. 옹방강을 흠모하던 추사가 그러했으며, 추사를 흠모하던 만년의 제자들 또한 이러한 경향을 보인다. 조수삼 역시 그들과 크게 다르지 않았다.

〈삿갓 쓰고 나막신 신고[笠屐詩]〉

작년에는 호남에서 삿갓을 사오고[去年湖南買篛笠]

금년에는 교남에서 나막신 사왔지[今年嶠南買桐屐]

이들 모두 촌 늙은이에 딱 맞춤이지[二者恰稱田舍翁]

〈천제오운첩〉진적

조수삼은 북경에서 만난 정진갑에게 소동파의 〈천제오운첩〉을 선물로 받았다. 비록 진적이 아닌 모방품이었지만, 이를 통해 당시 청조와 조선 지식인들 사이에서 소동파를 흠모하는 열풍이 있었다는 데 의의가 있다.

멀리서 한 해가 다가도 돌아가지 못하니[天涯歲暮歸不得]

쓸쓸한 가을비는 강촌을 어둡게 하는구나[蕭蕭秋雨暗江村]

(중략)

동파東坡의 소상小像과 너무도 흡사하니[東坡小像大仿似]

관동들 박수 치며 이처럼 호들갑[官僮拍手誼如此]

봄이 오면 다시 대나무 장대 들고[春來更截一竹竿]

작은 배로 도화유수桃花流水 사이를 지나려네[小艇去趁桃花水]¹⁶

위의 시를 잘 살펴보면 조수삼이 입극도笠屐圖에 묘사된 소
동파의 모습을 그대로 따라 했음을 알 수 있다. 요즘의 표현을
빌리자면 '소동파 코스튬플레이costume play'나 다름없다. 이런 그
에게 정진갑이 준 〈천제오운첩〉은 진위 여부를 차치하고, 선
물 그 이상이었으리라 생각된다.

벗이 손수 그려준 추산권[故人手作秋山卷]

고송古松과 유수流水 사이에 나를 그려놓았지[置我古松流水間]

조선으로 와 십 년 내내 받들어 읽노라니[十載東歸常奉讀]

이내 몸 진정 그림 속 나처럼 한가하네[眞身一與畵身閒]¹⁷

조수삼이 정진갑에게 받았던 선물은 〈천제오운첩〉뿐이 아

니었다. 정진갑은 유명한 그림 소장가이기도 했지만 그림에도 능했다.[18] 그런 그가 아마도 조수삼과의 이별에 앞서서 직접 그린 그림을 준 듯하다. 그림 속엔 가을 산, 오래된 소나무와 흐르는 물 사이에 한가로운 조수삼이 서 있다. 조선으로 돌아와 십 년이 지났지만 그는 한결같이 정진갑이 그려준 화폭 속의 자신을 보며 위안을 삼았다.

두 사람의 의기가 통하고 정서가 통한다면 함께 보낸 물리적 시간의 양은 그리 중요하지 않다. 그저 단 한 번의 만남으로도 서로에게 깊이 각인되는 인연 또한 존재한다. 조수삼과 정진갑이 그러했다.

금석학의 대가 유희해와 만나다

청나라 금석학의 대가였던 유희해와 조수삼의 인연은 1816년 조인영이 연행을 했던 이후였다. 그는 조인영과 김정희를 통해 유희해의 명성을 익히 들었으며, 실제로 그와 만났던 것은 마지막 연행이었던 1829년이었다. 조수삼은 조인영을 보필하면서 그를 대신해 유희해에게 편지를 보내곤 했는데, 조수삼의 시문집에는 편지 두 편이 전한다.[19]

작년 운석공雲石公(조인영)께서는 영남관찰사를 제수 받고 외람되게도 저를 기실참군으로 삼으셨습니다. 금년 봄에 사신이 돌아오는 편에 선생께서는 운석공에게 편지를 보내셨지요. 그러나 번을 지키는 신하로서 나라 밖과는 서신을 통할 수 없는 것이 국법이옵니다. 운석공께서 저에게 말씀하시기를, "국가의 법을 감히 어길 수는 없으며 벗의 편지에 답하지 않을 수도 없다. 어찌 두 가지를 절충하지 않겠는가? 그대가 나를 대신하여 감사의 뜻을 전하게. 나를 위해 흠모의 뜻을 보내주지 않겠는가?" 이는 또한 운석공께서 최근에 제가 선생을 사모하는 것을 아신 것입니다.[20]

이 편지는 1826년 조수삼이 65세의 나이에 쓴 것이다. 그가 1829년 유희해와 직접 만나기 전까지는 조인영과의 편지 왕래를 대신해주며 유희해에 대한 존경과 흠모의 마음만을 전달했을 뿐이다. 조수삼이 이렇게까지 유희해에게 존모의 마음을 품게 된 이유는 그가 당대의 유명한 금석학자였던 사실 외에도 석암石菴 유용劉墉의 종손임을 알게 되었기 때문이다.[21]

조수삼은 조인영에게서 유희해의 명성을 듣기 이전, 이미 네 번째 갔던 연행에서 유용을 직접 만난 적이 있었다. 1806년 당시 온 세상이 유용의 덕행과 학식을 칭송했다고 한다. 그래서 그가 붓을 내어 쓰기만 하면 그것이 비록 작은 종잇조각일지라도 수십 금을 주고 살 정도로 사람들이 아꼈다고 하니 유용의 명성이 어느 정도인지 알 만하다. 이에 조수삼은 유용을 만나기 위해 목욕재계하고 날을 택해 만나려고 했으나, 일정이여의치 않아 오랜 시간 그를 접할 수 없었음을 아쉬워했다.[22]

그러한 유용의 종손이 바로 유희해임을 알게 되었을 때 조수삼의 기쁨과 설렘은 말로 표현할 수 없었을 것이다. 더구나유희해는 편지 왕래를 할 때마다 조수삼에게 한 번도 자신을과시하는 법이 없었다고 한다.[23] 조수삼은 유희해와 직접 만난후 다음과 같은 시를 남겼다.

〈유희해를 그리며[給事燕庭]〉

집은 옛 집, 붉은 등나무 얽혀 있고[屋老依嘉樹[24]]

벼슬은 청렴한데 옛 돈이 쌓여 있네[官清蓄古錢[25]]

대인이 남겨 놓은 덕업에[大人餘德業]

먼 나라 손이 그 시편을 읽는다[遠客誦詩篇]

그대와는 삼 대의 교분으로[於子交三世[26]]

내가 나이 몇 해 많지만[推余長數年]

그대가 편집한 《해동금석록》은[海東金石錄]

흐릿한 내 눈으로 정정한 적 있더라[27][霧眼一重詮[28]]

조수삼은 유희해에게 "그대와 삼 대의 교분"이 있다고 했다. 이는 유희해의 조부인 유용과 아버지 유환지劉鐶之를 이르는 것인데, 유용을 만난 것은 편지글에서 확인할 수 있지만, 유환지에 대한 언급은 위의 시 자주自註 부분에서 보인다. 그런 이유로 삼 대의 교분이라 칭한 것이다.

여기서 주목해야 할 부분은 그가《해동금석록》을 정정했다는 언급이다. 그는 "흐릿한 내 눈으로 정정한 적 있더라 [霧眼一重銓]"의 시구 뒤에 주를 달아 "군(유희해)은《해동금석록》을 찬집했는데, 내가 정정해주었다[君集海東金石錄, 余爲訂整]"라고 설명했다. 여기서《해동금석록》은 바로《해동금석원海東金石苑》을 말한다. 유희해는 일찍이 조선의 역대 금석문金石文을 수집·집대성해서《해동금석원》을 편찬하려고 했다. 조인영과 유희해의 잦은 서신 왕래 역시 유희해의《해동금석원》편찬과 연관이 있다. 이 두 사람은 1816년 조인영의 연행을 계기로 묵연墨緣을 맺었고, 그 묵연은《해동금석원》으로 결실을 맺게 된다. 금석학에 일가견이 있었던 조인영은 유희해에게《해동금석존고海東金石存攷》를 보내준 바 있었다. 이후《해동금석존고》는《해동금석원》의 토대가 되었다.

유희해는《해동금석원》제사題辭에서《해동금석원》의 개요

와 금석문의 입수 경위, 기증한 사람에 대한 간략한 소개를 해 놓았는데, 여기에 조수삼의 이름이 언급된다. 그 내용은 다음과 같다.

지금까지도 문물이 갖추어진 나라다. 이에 운석雲石 조군趙君(자주: 조운석의 이름은 인영寅永이며 자는 희경羲卿으로 조선인이다. 가경嘉慶 병자년(1816)에 북경에 들어왔는데, 내가 서림書林에 금석벽金石癖이 있다는 것을 알고는 가져온 상자를 꺼내어 동국東國 비문碑文 수십 종을 나에게 보여주었다. 얼마 후, 매번 서신을 전할 때마다 금석문을 함께 부쳐주었다)이 있고, 죽림竹林(자주: 운석의 조카로 이름은 병귀秉龜이며 자는 경보景寶로 그 또한 금석을 애호한다. 도광 경인(1830) 봄에 사행으로 북경에 들어와 금석문을 가지고 와서 친분을 나누었다)이 그 아름다움을 이었으며, 산천山泉 김명희金命喜(자주: 김산천金山泉의 이름은 명희이며, 도광道光 계미(1823)에 북경에 들어왔다. 나와 좋아하는 바가 많이 같았으며 금석문을 주었다), 추사 김정희(자주: 산천의 장형長兄이다. 추사의 이름은 정희로, 일찍이 경오(1810)에 북경에 들어와 옹담계, 완운대와 같은 여러 선생들을 알현했으며, 경술과 문명에 있어 당대 조선의 으뜸이라 할 수 있다. 일찍이 나에게 손수 탁본한 고비문古碑文을 부쳐주었다)가 이름을 나란히 하니 학식이 풍부하고 정의가 돈독해서 평소 중화의 가르침을 흠

모하여 상국의 풍광, 봄의 차가운 압록강, 새벽에 맑게 개인 봉
성을 보고자, 길을 다니면서 승경지를 살펴보며 일만 이천 봉을
두루 다 다녔다(자주: 조수삼이 나에게 말해주길, 오는 길에 산이 많
아서 일만 이천여 봉이나 두루 들러보았다라고 했다).[29]

《해동금석원》에서 유희해가 달아놓은 주에는 조수삼의 자
혹은 호는 보이지 않으며, 이외의 인적사항에 대해서도 조인
영과 조병귀, 김정희와 김명희 형제처럼 자세하게 기록되어
있지는 않다. 그러나 유희해가 《해동금석원》에 조수삼의 말을
기록한 사실만으로도 그가 금석문에 대해 상당히 해박한 지식
을 소유하고 있었음을 짐작케 한다.

잊지 못할 심양의 무공은

무공은繆公恩의 자는 매해楳澥로, 심양瀋陽 사람이다. 조수삼
과 무공은의 첫 만남은 1818년에 이루어졌던 것으로 추정된
다. 서장관이었던 조만영의 종사관 자격으로 사행길에 임했던
조수삼. 사행의 목적은 심양문안사瀋陽問安使였다. 그의 나이
57세, 다섯 번째 중국행이었다. 그는 이미 이전의 네 차례에
걸친 연행으로 오숭량吳嵩梁과 두터운 친분을 쌓은 상태였고,

기윤紀昀, 장문도張問陶, 나빙, 옹방강 등 청나라의 학예學藝를 이끌어 가던 거학들과도 직접 만나 교유의 폭을 넓혀가는 중이었다.

그는 1806년 동지겸사은사의 사행을 따라 입연한 후부터 제5차 연행 시점인 1818년까지 12년 동안 보잘 것 없는 직업을 전전하며 원유의 꿈을 다시 이루지 못한 채 살아가고 있었다. 그런 그에게 또 한 번 연행의 기회가 주어지자 시사의 시 벗들은 두 차례에 걸쳐 송별식을 거하게 치러주기에 이른다.[30] 주변의 지인들은 평소 조수삼이 얼마나 중국 땅을 밟고 싶어 했는지 늘 봐왔을 것이다.

심양으로 떠나기 전, 그는 다음과 같이 시를 썼다.

천지간에 지난 일을 생각해보노라니[乾坤思往事]

방구석에서 여생을 부칠까 했었는데[房闥寄餘生]

또다시 사행 따라 떠나게 되니[又起隨人去]

관하關河의 여름 기운 맑기도 하구나[關河暑氣淸][31]

그는 한 번도 멀리서 노닐고픈 뜻을 버린 적이 없었다. 그러나 현실은 달랐다. 이에 방구석에서 남은 생을 보낼까 체념하던 즈음, 다시 중국 땅을 밟게 된 것이다. 그가 덤덤한 듯 써내

려간 시의 행간엔 놀라움, 기쁨, 안도감 등이 서려 있다.

그는 1818년 6월, 심양으로 출발한다. 이미 60세를 바라보는 나이의 조수삼은 그의 삶에서 가장 소중한 인연을 만나게 되는데, 그가 바로 무공은이었다. 조수삼이 심양문안사의 사행을 따라 심양에 들어갔을 때, 무공은은 사신들을 접견하고 수행하는 관반館伴이라는 직책으로 있었다. 더구나 그는 심양의 알아주는 문사文士이기도 했다. 두 사람의 인연은 여기서부터 시작된 것이다.

조수삼은 무공은의 별장인 녹운과綠雲窠를 방문한 후 다음과 같은 시를 지었다.

〈매해(무공은)의 시에 화운하여〉

푸른 구름 많은 곳 작은 사립 열려 있고[綠雲多處小扉開]

깊은 곳까지 굽은 길로 객을 이끄네[曲徑通幽引客來]

집에는 옛 정원 깊어 화의畵意 절로 생기고[屋古園深生畵意]

자손子孫은 전수받아 문재文才가 능하다네[子傳孫肯足文才]

눈은 희미해도 오히려 글씨는 표일飄溢하고[眼花尙作霏微字]

손으로 심은 것은 모두 큰 재목이 되었구나[手種皆成老大材]

가을 풀 사이로 돌아가는 길 끝 없어서[秋草歸輪無限路]

학산의 시 아래서 한 번 배회하노라[學山詩下一徘徊]

　당시 무공은은 두 곳의 별장을 소유하고 있었다. 하나는 그
의 당호로도 썼던 몽학헌夢鶴軒이었으며 다른 하나가 바로 녹
운과였다.[32] 녹운과는 선생이 손수 심은 나무들이 세월의 흐름
속에서 무성한 수풀을 이루던 곳이었다. 무공은은 공무를 마
친 후, 조선에서 온 손님들이 머물러 있는 자신의 별장으로 달
려온 듯하다. 무공은뿐 아니라 그의 자손들과 함께하는 자리
였다.
　그들은 술잔을 기울이며 시를 주고받았다. 이미 노안이 와
서 가물거리긴 하지만 글씨를 뽐내기도 했다. 조수삼은 이날
무공은의 온화한 모습과 단아하고 바른 언사에 두 사람의 마
음이 들어맞았다고 했다.[33] 무공은 역시 조수삼의 시재詩才와
풍모에 경도된 모양이었다. 조선에서 온 미천한 선비에게 자
그마치 삼 개월치 녹봉을 다 썼다면 이보다 더 정성스럽고 지
극한 환대가 어디 있었겠는가?[34]
　심양에서의 시간은 빨리도 흘러갔다. 조수삼은 무공은과 나
누었던 우정을 두고두고 그리워하며 회상에 젖는다. 다음의
시는 그가 심양행에서 돌아온 지 오 년째 되던 1823년에 지은
것으로, 심양에서 무공은과 보낸 날들에 대한 그리움과 아쉬

움이 절절하게 묻어난다.

만천의 행관에 누워 빗소리 듣자니[萬泉行館臥聽雨]

매해 노인이 와 시를 지었지[楳澥老人來賦詩]

국화 띄운 술 한 말 기울일 수 있고[泛菊酒能傾一石]

난 치는 붓, 천 자루나 닳아빠졌지[寫蘭筆已禿千枝]

성곽을 두른 오래된 이끼엔 신발 자국 깊으리라[回郭古蘚深鞋跡]

걸상 마주했던 가을 산에도 살쩍 비치리니[對榻秋山映鬢絲]

이렇게 이별한 지 벌써 다섯 해[此別居然今五載]

푸른 구름 많은 곳 가장 그리워라[綠雲多處最相思]³⁵

조수삼은 심양에 도착했을 때 만천행관에서 머물렀다. 사행
일원들이 숙소로 사용했던 곳이었나 보다. 한가롭게 누워서
빗소리를 감상하고 있는데 무공은이 당도한 것이다. 이어 그
는 무공은의 별장인 녹운과로 함께 향했다. 반백의 두 노인이
푸름 가득한 고풍스러운 장소에서 향기로운 국화주를 사이에
두고 시를 짓는 모습이 그려진다. 음주를 즐기는 가운데, 무공
은이 붓으로 난을 치는 모습을 감상했는데, 붓 천 자루의 끝
이 모두 닳고 닳을 만큼 그는 상당한 실력을 갖고 있었다. 이
는 과장이 아니었는데, 무공은의 호는 본래 매해이지만 난을

잘 그려서 난고蘭皐라는 별호를 사용하기도 했다.[36] 시는 도입부에서부터 마치 어제 있었던 일처럼 녹운과에서의 만남을 생생하게 그려낸다. 그러나 곧 이어서 당시 두 사람의 그림 같은 풍경은 아스라해지며, 인적 드문 녹운과의 쓸쓸한 모습이 전개된다. 성곽을 두른 오래된 이끼에 신발 자국이 깊다는 것은, 흘러간 세월과 함께 두 사람의 추억 또한 깊게 자리한다는 의미를 내포하고 있다. 귀국한 지 5년, 조수삼은 무공은과의 재회를 꿈꿔본다.

《심전고》의 저자인 박사호는 조수삼과 친분이 있었는데, 그는 1828년 정사正使 홍기섭洪起燮의 반당으로 입연하게 된다. 그가 사행을 마치고 귀국하는 길에 백상루百祥樓에 들렀는데, 그때 조수삼은 그를 맞이하며 여정의 고단함을 위로해주었다. 그러나 조수삼이 굳이 백상루에서 박사호를 기다렸던 목적은 따로 있었다. 즉, 귀국하는 박사호를 통해 무공은과 오숭량의 소식을 전해 듣고자 한 것이었다. 박사호는 《심전고》에서 조수삼에 대해 이렇게 말한 바 있다.

조(조수삼)는 다섯 번이나 연경에 들어갔다온 사람이다. 각각 유람한 것과 시화詩話의 좋은 것을 서로 이야기했다. 경원(조수삼의 자)이 오난설(오숭량)과 무매해(무공은)의 소식을 물었으니 이들은 조의 아주 친한 친구들이다.

조수삼과 인연을 맺은 청나라 문사들은 수없이 많다. 그러
나 그는 특히 오숭량과 무공은의 소식을 너무나 궁금해 했다.
박사호에게 무공은의 소식을 물은 지 몇 개월 지나지 않아 조
수삼 역시 동지겸사은사로 마지막 중국 길에 오른다. 이 해는
1829년으로 그의 나이 68세의 고령이었으며, 무공은과 헤어
진 지 10년째 되는 해였다. 조수삼이 그렇게 기다리던 재회의
순간이었다.

노인끼리 보자마자 눈물 먼저 흘러서는[老人相見淚先橫]
손잡고 술 마시며 의기투합했도다[握手含杯意氣傾]
대대로 자손들이 우리 우정 전할테니[有子有孫傳世誼]
형제로 다음 생엔 태어나길 바란다오[爲兄爲弟祝來生]
북쪽 끝에서 봄 기러기 그대 소식 가져오니[音書北塞春鴻到]
하늘 뜬 밝은 달은 그대의 얼굴인 듯[顏色中天夜月明]
얽매인 몸 근자에는 벗어난 듯했지만은[物累近年都灑脫]
훌륭한 벗 그대에겐 아직 마음 끌리누나[獨於良友尙牽情]³⁷

이들은 이제 서로 완연한 노인의 모습으로 10년 만에 재

무공은이 그린 〈노란霧蘭〉

조수삼은 심양에 도착해 무공은의 별장인 녹운과에서 그와 함께 술을 마시며 시를 지었다. 무
공은은 붓으로 난을 치는 데 상당한 실력을 갖고 있어서 '난고'라는 별호를 사용하기도 했다.

회하게 된다. 서로를 위하고 그리워했던 정황을 감안한다면, "눈물 먼저 비껴 흐른다"는 표현은 과장이 아니다. 녹운과에서 만나 국화주를 대했던 것처럼, 그들은 서로 술잔을 기울인다. 술잔에 넘쳐나는 것은 술뿐 아니라 서로의 돈독한 정이다.

조수삼은 무공은과의 교분을 그들의 자손들까지 전해서 두 가문 사이의 인연이 면면히 이어지길 기대했다. 1818년 첫 만남에서 무공은의 손자에게 〈심양잡영瀋陽雜詠〉이라는 긴 시를 손수 지어 부채에 써주었던 것도 그러한 이유에서였다.[38] 또한 다음 생애에서는 무공은과 형제가 되길 원한다고 했다. 나이도 많이 들어 세상만사가 번거롭기만 느껴지는 때에 모든 것을 벗어나 자유롭고 싶은 마음이지만 무공은과의 인연만은 놓을 수가 없었던 조수삼이었다.

짧은 만남을 뒤로 하고 그들은 또 이별을 한다. 조수삼은 무공은에게 이별의 시를 지어준다.

절 앞엔 누런 잎 떨어진 나무[寺前黃葉樹]

강 너머엔 흰 구름 끼어 있는 산[江外白雲山]

천 리 길 한 번 헤어지고 나서[千里一分手]

늙은 얼굴 서로가 바라본다네[相看各老顔]

멀리 노닒 북학 때문이 아니었지[遠遊非北學]

가을밤의 꿈 동관에 떨어지누나[秋夢落東關]

짧은 소식 그래도 부칠 수 있으니[尺素猶堪寄]

남쪽으로 해마다 기러기 돌아와서지[南鴻歲歲還]³⁹

다시 만날 기약 없이 헤어지는 이 시점은 하필 늦가을이다. 낙엽 지는 나무며, 구름 낀 흰 산까지 모두 쓸쓸함이 배가 된다. 68세인 조수삼은 고령의 나이였고, 연행의 기회가 그에게 다시 올지는 미지수였다. 그러므로 이별의 회한은 더욱 컸다.

조수삼은 자신이 원유에 뜻을 두었던 것은 북학을 배우기 위해서가 아니라고 했다. 그렇다면 과연 무엇이 그를 이 만리 타국으로 여러 번 이끌었을까. 그것은 바로 자신을 알아주는 이들과의 만남이었다. 이는 조수삼 개인의 소망으로 치부할 수 없는 문제였다.

전대의 선학先學들이 연행을 다녀와 북학의 열풍을 몰고 왔다면, 19세기로 들어서면서 그 관심의 축은 청나라 문인 학자들과의 교유로 기울어지고 있었다. 특히 재능을 품고도 신분적 한계에 얽매였던 서얼, 중인들에겐 더욱 절실했다. 조수삼 역시 예외가 아니었다. 특히 무공은과의 교유는 조수삼 만년에 원유에 대한 열망을 자극하는 중요한 일이었다.

조선의 중인이라는 '외피'에 가려진 자신을 있는 그대로 알아주는 지음을 만나는 일. 이것이 조수삼이 연행에서 찾으려 했던 '의미'였다면, 무공은과의 만남은 이를 충족시켜주기에 충분했다.

옹방강의 제자 오숭량과 서신을 주고받다

오숭량의 호는 난설蘭雪, 자는 철옹澈翁으로 강서성江西省 동향東鄉 사람이다. 그는 여러 번 예부에 응시했으나 급제하지 못했고, 친구의 도움을 받아 폐백을 바쳐 국자박사國子博士가 되었으며 다시 내각중서內閣中書가 되었다. 이렇듯 관직을 통해 경세經世에 뜻을 두고자 했지만 사정은 여의치 않았다. 하지만 시명詩名만은 날로 높아져 갔으며, 그가 28세가 되던 해인 1793년, 옹방강의 시제자詩弟子가 되기에 이른다.

당시 옹방강은 산동성山東省에서 재임 중이었는데, 다시 그가 북경으로 올라오자 오숭량은 옹방강의 서실인 소재蘇齋를 드나들며 본격적인 사제의 연을 맺는다.[40]

오숭량은 이처럼 옹방강의 대표적인 문하제자였다. 김정희와 옹방강의 교유가 워낙 깊었기에, 옹방강의 제자였던 오숭량과 김정희의 관계 역시 저절로 부각되었다. 그러나 정작 김정희와 오숭량은 직접 만난 적이 없었다. 그러한 이들 사이에서 가교 역할을 했던 장본인은 바로 조수삼이었다.

조수삼이 오숭량을 처음 만났던 시기는 두 번째 연행을 갔던 1800년으로 추정된다. 그는 마지막 제6차 연행 당시 지은 〈화오난설이수和吳蘭雪二首〉에서 "삼십 년 동안 가을마다 나를 꿈꾸더니, 이제 팔천 리 먼 곳에서 그대를 전별하네[三十年間秋夢我, 八千里外遠將君]"[41]라고 했다. 그의 제6차 연행은 1829년에 이루어졌고, 연경으로 들어간 시기는 1830년이다. 그러므로 삼십 년 동안 조수삼을 그리워한다는 것은 입연이 1800년에 이루어졌음을 의미한다.

그들이 처음 만난 시기가 언제였는지를 확정하는 문제는 중요하다. 김정희를 비롯한 다른 문인들 사이에서 이들의 만남이 어떠한 영향을 미쳤는지와 연결되어 있기 때문이다. 또한 제2차 연행에서 이들이 첫 교유를 가졌다면, 마지막 연행까지 몇 차례에 걸쳐서 지속적으로 친분을 쌓았다는 근거가 되기 때문이기도 하다.

조수삼이 두 번째 연행에 임했던 시기에는 이미 오숭량의 시명詩名이 청나라 학계에 널리 알려진 상태였으며 옹방강의 소재蘇齋에서 옹방강의 시문을 교정하기도 하는 등 그의 문하 제자로서의 입지를 다지고 있던 상황이었다. 조수삼은 첫 연행에서 당시 거학이었던 옹방강의 존재를 확인했고 그와 만났던 경험이 있으므로[42] 오숭량에 대한 정보는 자연스럽게 접했을 것이다. 하지만 아쉽게도 그와 오숭량이 만난 자리에서 수창한 시는 조수삼의 시문집에 실려 있지 않으며, 귀국 후 그에게 부친 시편을 통해 교유의 양상을 확인할 수 있을 뿐이다.

조수삼은 오숭량을 난설재蘭雪齋에서 처음 만났다.[43] 당시 그의 시명은 각국의 인사들을 그의 집 앞으로 모여들게 했다.

박사博士의 시명이 천하에 알려져[博士詩名天下聞]

난설재 가운데서 내 그대를 만났지[蘭雪齋中我見君]

총하蔥河의 옥경玉磬과 유구琉球의 종이에[蔥河玉磬琉球紙]

사이四夷와 팔만八蠻이 동문同文이라며 오네[四夷八蠻來同文]

와서 구하던 것 돌아갈 때 얻고 가니[來時有求歸時得]

해 뜨면 문 앞에 구름 같은 객들이라[門前日出客如雲]

파인巴人이 토고를 안고 온 듯 스스로 부끄러우니[自愧巴人抱土鼓]

어찌 뛰어난 기예라 생각했겠는가[豈意郢匠揮風斤]

(중략)

이별하여 동으로 돌아온 지 이십 년[判袂東還二十年]

오늘 짧은 편지로 긴 이별을 슬퍼하네[今日尺蹏悲契濶]

꿈속에서 그대를 만나면 또한 즐거운데[夢裡逢君亦懽忻]

편지 속에 나를 생각함 어찌 그리 간절한지[書中念我如飢渴]

우리들 정 쏟은 것 예부터 그러했으니[我輩情鍾自古然]

봉투 열자 눈물 먼저 옷깃을 적신다[44][開緘有淚先沾褐]

이 시는 1820년경에 지어진 시다. 조수삼은 봄날에 오숭량으로부터 〈향소산관자제시香蘇山館自題詩〉와 편지 한 통을 받았다. 만감이 교차하며 그들이 처음 만났을 때를 회상해보니, 오숭량의 집 앞은 사이팔만四夷八蠻의 객으로 붐볐다. 각국의 토산품을 들고 사방에서 찾아든 객들에게 오숭량은 정성스럽게 응대했다. 조수삼 역시 오숭량의 그 인품에 감화되었음이 분명하다. 조수삼도 예외 없이 본인의 시작품을 갖고 갔으리라.

당시 청나라 문인 학자들과의 교유하면서 조선의 문사들은 각자의 문집을 들고 와 대가의 정정訂正이나 평을 부탁하는 것이 일반적인 현상이었다. 비단 자국과 조선만이 아니었다. 유구국, 안남국(베트남) 사람들도 너나없이 이 담문覃門의 고제高弟에게 자신의 시적 재능을 인정받고자 몰려들었을 터이니, 구름처럼 객들이 모인다는 표현은 과장이 아닌 것이다.

처음 조수삼이 오숭량의 집을 찾아갔을 때는 이십 년 뒤 만리타국에서도 정의情意를 나누는 사이가 될 수 있으리라 상상이나 했을까? 그러나 결국 그들은 서로를 꿈에서까지 그리워한다고 했다.

조수삼은 연행에서 오숭량과 인연을 맺은 후, 혹 연행 길에 오르는 이들이 있으면 인편에 안부를 부탁하거나 시문詩文을 전했다. 이해응은 조수삼이 세 번째 연행을 갈 때 함께 동행했던 인물이다. 그가 쓴 연행록《계산기정》에는 청조 문인 유소숙劉紹叔(호는 인천引泉)의 대화 속에서 '옹담계(옹방강)'를 거론하는데, 유소숙이 옹담계라는 문인을 알고 있는지 묻자, 이해응은 기윤紀昀은 들어본 바 있지만, 옹방강은 들어본 바가 없다고 했다.[45] 당시만 해도 이해응은 옹방강은 물론이며 오숭량을 알지 못했다. 이에 조수삼은 이해응에게 오숭량이 어떤 인물인지, 자신과 친분이 어떠한지 소상히 알려주었을 것이다.

이해응이 두 번째 연행에 임하자 조수삼은 그에게 "중원에 옛 벗이 많으니, 응당 조수삼을 물어보리라[中原多舊雨, 應問趙三芝]"라고 하며 예언 아닌 예언을 한다. 이해응을 송별해주면서 조수삼은 오숭량에게 줄 편지를 그에게 맡겼다. 이해응은 이를 온전히 전했고, 돌아오는 길에 오숭량의 답서와 시문을 들고 조수삼을 찾았다.

신안관에서 동지冬至를 맞이해[新安舘裡逢冬至]

객을 대하고 심지 돋아 술 한 잔 드네[對客挑燈酒一杯]

콩죽 소반 올리는 것 초속楚俗을 따르는게고[荳粥登盤隨楚俗]

매화는 집에 가득 연대燕臺 이야기한다[梅花滿屋說燕臺]

하늘 끝에서 다행히 답서 받았으니[天涯可幸音書報]

말 위에서 계절 빠름 몹시 놀란다[馬上偏驚節序催]

육관이 비록 난율을 불고 있지만[六管縱敎吹暖律]

고요히 동요 없이는 마음에 재가 날지 않네[寂然無動寸心灰][46]

조수삼은 당시 신안관新安舘에 있었다. 그는 1823년(조수삼
이 62세일 때)에 관북지방을 여행하고 장편 거작 《북행백절北
行百絶》을 완성한 후, 신안관에서 동지를 맞았는데, 마침 이해
응이 연행에서 돌아오던 때와 겹친 것이다. 신안관은 중국 사
행로에서 중요한 경유지 중 하나였으므로, 이해응이 돌아오는
길에 조수삼을 방문하기란 어렵지 않았을 터이다.

이해응과 술잔을 기울이며 천애天涯의 지음이 있는 연경의
이야기를 듣고 있자니 조수삼은 또다시 그곳이 그리워진다.
오숭량이 보낸 답서와 시를 읽으니, 세월의 흐름이 느껴진다.
주변에서는 악기 소리에 시끌벅적하지만 멀리 있는 벗과 지척
에서 만날 수 없음에 마음은 되레 고요해진다.

조수삼과 오숭량은 그 후로도 지속적으로 서신을 교환한다.
1828년에 박사호가 홍기섭의 반당으로 사행길에 올랐다. 조
수삼은 오숭량의 〈향소산관자제시〉를 받고 나서 답시를 써두

었는데, 1828년 10월 박사호가 사은겸동지사행謝恩兼冬至使行
을 따라 입연하게 되자 그를 통해 오숭량에게 시편을 전달했
다. 박사호는 연경에서 오숭량과 만나게 되고, 그의 서실인 난
설시감蘭雪詩龕을 방문하기까지 한다. 조수삼은 연행에서 돌
아오는 박사호를 백상루百祥樓에서 맞이했으며, 그 자리에서
오숭량의 화답시를 전해 받는다.

①

난설의 문장은 노련하고 기이하니[蘭雪文章老更奇]

금년 봄 나에게 자제시自題詩를 부쳐왔네[今春寄我自題詩]

황종과 대려가 음률에 들어맞고[黃鍾大呂中和律]

옥수玉樹와 산호 가지 얽혀 있는 듯[碧樹珊瑚錯落枝]

상전에서 잠시 이별한 것이 엊그제 같은데[小別桑田如昨日]

반과산飯顆山에서 다시 만남 어느 때려나[重逢飯顆定何時]

고인의 쇠락함은 해마다 심해지니[故人衰謝年年甚]

주름진 얼굴 거칠어진 피부에 살쩍은 다 새었네[面皺雞皮鬢鷺絲]

②

만 리에서 정 나누니 일 또한 기이한데[萬里論交事亦奇]

이십 년의 이별을 몇 줄 시로 푼다네[廿年離緖數行詩]

편지에 외로운 기러기 하늘 끝 소식 가져와[書來斷雁天邊字]

꿈은 부상 바다 밖의 가지를 맴돈다[夢遶扶桑海外枝]

성교聲敎는 예로부터 이국異國에 통했으니[聲敎古來通異國]

공명 세우려 늙어서도 광시제세匡時濟世 짊어졌지[勳名老去負匡時]

궁의弓衣는 돌아가며 노래 불러 얼마간 알고 있을테니[弓衣傳唱知多少]

그대[都官]를 위해 내가 자수실을 다듬으리다[肯爲都官理繡絲]⁴⁷

①의 시는 조수삼이 오숭량에게 보낸 시이고, ②의 시는 오숭량이 조수삼의 운에 화답하여 보낸 시다. 박사호가 입연한 시기가 1828년이었고, 조수삼과 오숭량이 마지막으로 만났던 시점이 1806년이었으므로, 이십 년의 이별이라 지칭한 것이다.

①의 시에서 조수삼은 오숭량의 자제시自題詩가 훌륭했음을 언급했고, 함께 시문詩文을 수창할 때가 과연 언제쯤 올까 아쉬워하고 있다. 또한 연배가 비슷한 두 사람이 세월이 흘러 많이 노쇠해졌음을 걱정하고 있기도 하다.

②의 시에서 오숭량 역시 조수삼에 대한 그리움을 표현했다. 조수삼의 관직官職을 언급하고 있기도 하다. 특히 "공명 세우려 늙어서도 광시제세를 짊어졌지[勳名老去負匡時]"라는 시구나 "그대[都官]를 위해 내가 자수실을 다듬으리다[肯爲都官理繡絲]"는 조수삼의 관직에 대한 내용이다. 오숭량이 굳이

이렇게 쓴 데에는 한 가지 일화가 있다. 이는 박사호의 《심전고》에 실려 있다.

"경원 조수삼으로 인해 큰 명성을 익히 들었으므로 바야흐로 문병에 나아가 뵈려던 참에 이렇게 먼저 찾아주셔서 심히 송구스럽습니다"했더니 대답하기를, "경원의 시재가 가히 사랑할 만하여 내가 시우詩友로 사귀었는데, 지금 무슨 직책에 있습니까?" 하기에 세류영細柳營 종사從事라고 대답했다.[48]

박사호는 당시 정태丁泰라는 학자의 서실인 춘수재에서 여러 문인 학자들과 필담을 나누던 중이었는데, 오숭량이 뒤늦게 도착해서 조선의 지인知人들의 안부를 물었다. 그는 조수삼의 안부가 궁금했기에 박사호에게 조수삼의 관직을 물었고, 박사호는 '세류영 종사'라고 대답했던 것이다. 세류영은 한漢나라 때 군영軍營으로서 기율이 엄한 곳을 이르는 말이다. 그러니 세류영 종사란 조선에는 없는 관직이었던 것이다.

조수삼은 〈약산으로 유람하러 성을 나서며 짓다[將遊藥山出城作]〉라는 시에서 "금년 봄 연경에 갔던 사행이 돌아왔는데, 듣자하니 오숭량 및 몇몇 지인들이 나의 관직이 무엇이냐고 묻기에 '세류영 종사관'이라 대답하니 주위에서 듣던 이들이 자못 축하해주었다고 한다[燕槎之回, 聞吳蘭雪諸人問余何官, 答以爲細柳營從事官, 問者多喜賀云]"라고 했는데 이 일을 두고 한 말이다. 이어서 시구에 "청인들 멀리서 가짜 벼슬을 치하하네[華人遙賀假衛官]"라 했는데, 씁쓸한 자조감이 느껴질 정도다. 박사호는 중인 신분이었던 조수삼이 변방의 말단 군관으로 일하고 있으므로 그저 '세류영 종사관'이라 표현한 것이지만, 조선의 관제官制에 어두웠던 몇몇 청나라 사람들은 이를 곧이곧대로 믿고 축하하는 일이 벌어졌던 것이다. 조수삼은 이 당시 신안관에서 종사관으로 있었다.

하지만 오숭량은 조수삼의 관직이 높고 낮은 것에 상관없이 그의 시를 매우 높게 평가하고 있다. 오숭량이 보낸 시의 마지막 두 구절을 보면 그러하다. 궁의弓衣에 수繡를 놓는다는 것은 소동파와 관련된 고사다. 예전에 소동파가 오랑캐의 궁의를 얻었는데, 그 궁의에 매요신梅堯臣의 〈춘설〉이라는 시가 씌어 있었다. 좋은 궁의를 얻었는데 그 위에 매요신의 시까지 새겨 있었으니 이는 더없이 훌륭하다는 말이다. 조수삼의 시가 훌륭하니 자신 또한 시로써 답하겠다는 의미이자, 그의 시를 각별히 아끼는 마음을 토로한 구절이라 할 수 있다.

이 화답시의 제목은 〈진사 조경원의 운에 화답하다[次韻答趙經畹進士]〉라 되어 있다. 이 제목으로 인해, 조수삼이 83세 고령의 나이로 진사시에 합격한 것을 염두에 두고 지은 시로 오인할 여지가 있지만, 그가 진사시에 합격한 해는 1844년이며 오숭량이 세상을 떠난 해는 1834년이니 시기적으로 맞지 않는다. 그는 이 시적 재능이 뛰어난 조선의 선비를 그저 '진사'라 호칭했을 뿐이다.

오숭량과 주고받은 ①과 ②의 시는 김정희의 시를 모아놓은 《담연재시초覃揅齋詩抄》 권4에 나란히 실려 있어 문제가 되었던 시들이기도 하다. 김정희가 ①의 시를 지은 것으로 가정한다면, ②의 시에서 "이십 년의 이별을 몇 줄 시로 푼다네[廿年離緒數行詩]"라는 구절은 오숭량과 김정희가 직접 만났다는 증거가 되기도 하는데, 이 시를 근거로 하여 김정희와 오숭량이 실제로 만났다는 오해가 불거지기도 했던 것이다.

이러한 사실은 등총린의 저서에 실려 있으며, 저자에 의해 《담연재시초》에 오입誤入된 사실이 밝혀진 부분이기도 하다.[49] 오숭량은 김정희와 직접 만난 적이 없다. 단지 유당酉堂 김노경金魯敬과 산천山泉 김명희金命喜 부자만이 1822년에 입연해 오숭량과 직접 만난 적이 있고, 귀국 이후 지속적으로 서신 왕래를 하게 되었을 따름이다.

조수삼은 얼마 후 1829년 제6차 연행에 임하게 된다. 이번 사행에서는 조인영의 조카인 조병구趙秉龜가 서장관으로 임

했고, 김정희의 문인이자 역관이었던 우선藕船 이상적李尚迪
이 동행했다. 모두 조인영과 김정희와 인연이 깊은 인물들로
서, 이들과 관련된 많은 청나라 문인 학자들을 함께 만날 기
회 역시 많았던 연행이었다. 이때 조수삼의 나이는 68세였으
며, 오숭량은 64세였다. 서로의 나이가 나이인 만큼 이들에
게는 다시 재회의 기회가 없을지도 모르는 상황이었다.

조수삼은 1829년 동지겸사은사를 따라 출발했고, 같은 해
11월 진하겸사은사進賀兼謝恩使가 잇달아 출발하면서 연경에
서 황제를 알현할 때에는 두 사행이 함께했다. 이때 서장관
의 직책을 맡고 있던 강시영姜時永은《유헌속록輶軒續錄》에 당
시 연행의 정황을 기록했다. 강시영의 선고先考는《삼명시화》
의 저자인 강준흠[50]으로, 그 역시 연행의 경험이 있었다. 또한
강준흠은 조수삼이 분수를 모르고 행동하다가 어느 대갓집 양
반에게 머릿채를 잡혔다는 일화를 기록한 장본이기기도 하다.
부친과의 인연이야 어찌되었든, 강시영과 이상적, 조수삼은
동행하여 오숭량의 서재인 무괘애헌無罣礙軒을 찾아갔다. 오
숭량은 마침 검주자사黔州刺史로 떠날 차비를 하던 중이었는
데, 서로 전별시를 주고받으며 환담을 나누었다.[51]

그는 검주로 떠나는 오숭량을 보면서 다시 볼 수 없을 것 같
은 슬픔에 시를 지었는데, 이별의 아픔이 절절하게 담긴 작품

이다.

> 연경의 옛 친구 구름처럼 흩어지니[燕南舊雨散如雲]
> 백발노인 이별의 노래는 듣지 못하겠네[皓首驪歌不可聞]
> 삼십 년 동안 가을마다 나를 꿈꾸더니[三十年間秋夢我]
> 팔천 리 먼 곳으로 그대를 떠나보낸다[52][八千里外遠將君]
> 다른 세상에선 동창同窓이 되고 싶지만[他生願結同窓伴]
> 오늘 서로 이별하는 신세 견디기 어렵구나[此日難爲隔世分]
> 버들가지 잡자, 하얀 버들개지 나는 줄 착각했는데[攀柳錯驚飛絮白]
> 옥하의 봄눈이 펄펄 내렸던 것이었음을[玉河春雪政紛紛]

조수삼은 이 시에서 다시 만날 기약이 없음을 아쉬워하는 동시에, 그들이 처음 만났던 때부터 지금에 이르는 삼십 년까지 서로 생각하고 아끼는 마음은 변함이 없다는 것을 표현했다. 그는 오숭량과의 인연에 대해 "다른 세상에선 동창이 되고 싶다"고 단적으로 이야기한다.

버들은 예로부터 이별의 정표다. 조수삼은 오숭량과의 이별을 앞두고 버드나무 가지를 잡고 건네주려 했는데, 마침 눈이 내리고 있어 이별의 슬픔에 잠겨 있던 그에게는 하얀 버들개지가 날리는 모습으로 보였나보다. 앞서 무공은과의 이별을 앞에 두고서는 "내세에는 서로 형제되기를 축원한다[爲兄爲弟祝來生]"고 하여 그 정을 드러낸 바 있다. 이렇듯, 조수삼이 오숭량과 무공은을 생각하는 것은 그가 교유한 다른 청나라 문사 그 누구와도 비할 바가 아니었다.

조수삼은 1809년 처음 입연한 김정희보다 오숭량을 먼저 접했다. 또한 그가 아는 지인들을 통해 서신과 시편을 주고받으며 신교神交를 나누었다. 오숭량은 조수삼 이외에도 신위와 김정희·김명희 형제 등 당시 조선 최고의 사대부 지식인들과 교유를 나누던 터였으므로, 자칫 조수삼이라는 인물이 그들 속에 묻혀 교유의 가치가 상실될 수도 있었다.

그러나 조수삼은 김정희·김명희 형제보다 먼저 입연해 오숭량과 교유했고, 오숭량과 그들 사이의 가교 역할을 해주었다. 조수삼은 김정희와 옹방강의 사제지간을 방불케 하는 깊은 정의와 학술적 교류를 곁에서 지켜보며 매우 부러워했다. 그런 이유로 "예전에 종사從事로 입연했을 때, 그대와 함께 수레타고 가지 못했음이 한스럽다[昔忝從事入燕都, 軺車恨不與君俱]"라고 했으며, 또한 같은 시에서 "담계(옹방강) 문하 제자인 오국박吳國博(오숭량), 시감詩龕에서 날 끼워주며 청오를 나누었지[覃門高弟吳國博, 詩龕介余日淸娛]"라고 하여, 난설시감蘭雪詩龕에서 오숭량과 환오歡娛를 나누던 일을 회상하며 그리워

했다.[53]

조수삼이 중국에 간 목적이 '북학'이 아니요, 자신의 처지와
재능을 알아주고 서로 이끌어줄 수 있는 '지음'을 만나기 위해
서라는 것은 자명하다. 그는 첫 연행을 떠났을 때 "사신의 행
렬들은 현자 접하리[星槎接賢士]"라고 하여 이미 이국 지식인
들과의 교유를 열망하고 있었다. 그는 마지막 연행에서 무공
은에게 주는 전별시를 통해 "멀리 노닌 것 북학 때문이 아니
었지[遠游非北學]"라고 하면서 그간 여섯 번에 걸친 연행의 의
미를 한마디로 정리했다.

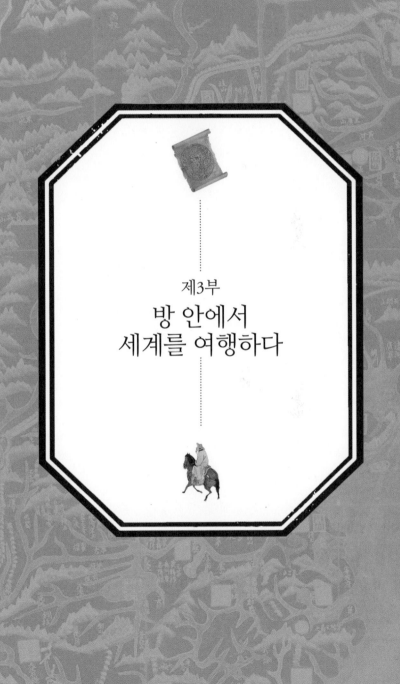

제3부

방 안에서
세계를 여행하다

제1장
금서를 통해 본 세계

더 넓은 세상을 향한 갈증

조수삼은 작품 여러 곳에서 이미 "멀리 노닐고자 하는 뜻[遠遊 之志]"을 밝혔다. 현실에서 그를 둘러싼 갈등 요소들, 그리고 그에 대한 해결 방안을 원유지지의 실현을 통해 찾고자 했다. 그는 수차례에 걸친 국내 여행이나 여섯 차례의 연행에서 그 갈증을 어느 정도 해소할 수 있었다.

그러나 여전히 아쉬움은 남았다. 생애 첫 연행 이후 그는 《연상소해聯床小諧》라는 단편집을 엮어 이국의 문화와 인물들에 대해 이야기를 풀어냈다. 즉, 연행이라는 해외견문海外見聞

은 조수삼이 지속적으로 이를 추억하게 만든 것이다. 이는 중국 이외의 또 다른 세계에 대한 깊은 관심으로 이어진다. 이 과정 중에 탄생한 작품이 바로 〈외이죽지사〉였다.

〈외이죽지사〉는 1795년에 쓴 작품이다. 이때는 연행 이후 그의 저술 활동이 폭발적으로 증가하던 시기다.[1] 첫 번째 연행은 그에게 커다란 자극이 되었던 동시에 그를 더 넓은 세상과 소통시키는 돌파구가 되었다. 더욱이 사람 사는 세상의 소소한 일들에 관심을 갖던 그의 개인적 취향은 저술에 활기를 불어 넣었다.

조수삼의 〈외이죽지사〉는 중화中華가 아닌 그야말로 중국 밖의 여러 나라에 대한 기록이다. 형식은 죽지사의 전형적인 체제를 지니고 있으며, 죽지사 본연의 '지역 토속쇄사'에 대한 기록이란 점에도 충실하다. 하지만 그가 직접 이 지역들을 여행한 것은 아니다. 아니, 조선의 그 누구도 '자유 의지'로 중화 문명권의 바깥으로 여행을 한다는 것은 좀처럼 있기 어려운 일이었다.

어느 날 그는 명나라 문인이었던 신안新安 정백이程百二가 편찬한 《방여승략》을 보게 된다. 《방여승략》은 지도가 그려져 있는 세계 지리서였는데 그는 이 저서를 읽은 후 내용을 수정·보완해 〈외이죽지사〉를 완성했다. 그렇기 때문에 이 작품은 일종의 '상상의 견문록'이자 명실상부한 그의 '득의작'이라 할 수 있다. 그러므로 〈외이죽지사〉를 효과적으로 감상하려면 《방여승략》이라는 지리서와 연관지어 살펴보아야 한다.

조수삼은 〈외이죽지사〉 서문에서 "내가 근래에 신안 정백이 씨가 지은 《방여승략》을 얻었다[余近得新安程百二氏所撰方興勝略]"라고 했다. 《방여승략》은 과연 어떤 책이며, 편찬자는 어떤 인물일까?

그가 밝힌 정백이라는 인물은 본래 이름이 개민開敏이며 자는 유여幼輿로, 휘주徽州 휴녕休寧사람이다. 그는 명대 후기의 포의로서 저명한 학자였다. 또한 서적 상인이자 방각가坊刻家라는 특이한 이력도 지니고 있었다. 흥미로운 점은 정백이가 교유했던 인물들이다. 예를 들면 호응린胡應麟과 같은 유명한 문사에서부터 이탈리아 선교사였던 마테오 리치Matteo Ricci까지 친분이 있었다.[2]

모두가 알다시피 마테오 리치는 명나라 학자 이지조李之藻와 함께 〈곤여만국전도坤輿萬國全圖〉를 작성해 동아시아에서 서구식 세계지도와 지리서의 유포에 큰 역할을 한 인물이다. 〈곤여만국전도〉가 완성된 시기는 1602년인데 그보다 앞선 1598년, 정백이가 주도하여 총 18권의 《방여승략》을 편찬한다. 이는 마테오 리치와 정백이가 상호 지리 정보를 주고받았으리라는 추측이 가능한 지점이다. 아울러《방여승략》은 동아시아 문인들이 많이 읽었던 줄리오 알레니Giulio Aleni의《직방외기職方外紀》[3]보다도 앞선 것이어서 주목할 만하다.

《방여승략》이 문제작이라 할 만한 점은 또 있었다. 이 책은 현재《사고금훼서총간四庫禁燬書叢刊》[4]에 수록되어 있다.《사고금훼서총간》은《사고전서四庫全書》와《속수사고전서續修四庫全書》에 싣지 못했던 금서와 훼서燬書들을 모아 간행한 것이다. 다시 말해《방여승략》은 청나라의 금서였다.

《방여승략》, 세계로 가는 길을 열어주다

조수삼이《방여승략》을 접하며 〈외이죽지사〉를 썼던 시기는 18세기 후반이다. 당시 청나라 조정은 호학군주好學君主였던 건륭제乾隆帝의 지휘 아래 대규모 도서편찬사업을 벌인 한편, 현존하는 서적류에 대한 검열과 금서 작업도 적극 진행했다. 이렇게 금훼서로 지목된 서적들은 대략 4천 점에 이르게 된다.[5]

그렇다면 어떠한 서적이 금훼서가 되었을까.《중국금서대관》[6]을 참고하여 요약해본다면 청대의 금훼서 조건은 대략 네 가지로 정리될 수 있다.

① 청조清朝의 통치에 대해 불만을 표시하거나 혹은 만주족을 오랑캐로 취급하는 경우.

② 청조에 대해 호감을 불러일으키거나 혹은 회념懷念하게 만드는 서적. 예를 들자면《명실록明實錄》등의 경우.

③ 주리학朱理學에 저촉되거나 전통 도덕적 관념과 위배되는 경우.

④ 작자에게 문제가 있거나, 혹은 그러한 작자의 책을 인용한 경우.

정백이의《방여승략》은 ①번에 해당하는 경우라 할 수 있다.《사고금훼서총간》에서도《방여승략》은 사부史部에 속한다. 사부와 자부子部는 경부經部[8]에 비해 금서의 비중이 매우 높은 편인데, 특히 사부는 청조의 정통성과 민감하게 얽혀 있기 때문일 것이다.《청대금서총술》[9]에서는《방여승략》이 금훼서가 된 이유를 "부록附錄으로 기재된 상세한 지도 때문"이라고 지적했다. 또한《방여승략》에 수록된 문자들이 청조가 금하고 있었던 유類이거나〈여지총도輿地總圖〉에 부각된 지리형세들도 청조의 금기사항에 저촉되고 있다는 이유를 들었다.

이 외에도《방여승략》〈외이外夷〉[10] 편의 내용 중에서 금서가 된 원인을 추측할 수 있다.[11]《방여승략》〈외이〉권2에서는〈여진女眞〉조를 싣고 있는데, "여진은 동이東夷다"[12] 혹은 "숙

여진熟女眞은 금인金人의 유종遺種이다. (중략) 동이 중에 가장 의례와 법도가 없는 자들이다. 금인들이 중국에 들어오면서부터 오랑캐의 풍속이 조금씩 변했다"[13]라고 하는 구절 등은 청조 건립의 정당성에 불리한 소지가 충분히 있었다.

조수삼은 금서였던 《방여승략》을 과연 어떠한 경로로 접하게 되었을까? 〈외이죽지사〉 서문에는 그저 "근자에 얻었다"는 언급이 있을 뿐이다. 또한 1795년이라는 〈외이죽지사〉 저작 시기를 참고해볼 때 대략 그즈음이라는 것만을 추측할 수 있다. 《방여승략》은 당시 청조의 금서로 분류된 상태였으므로, 다른 지리서들보다 유통이 원활하지 않았으리라 짐작된다. 책 거간꾼을 거쳐 구입하거나, 희귀서나 금서 등을 자유자재로 다룰 수 있었던 직책을 통해 열람할 가능성을 배제할 수 없다.

실제로 문인들의 문집에서 《방여승략》을 인용한 글들은 그리 많지 않은데, 이덕무[14]와 그의 손자인 이규경의 문집[15]에서 인용한 대목이 보인다. 모두 '애체靉靆(안경)'에 대한 설명으로서 《방여승략》〈외이〉 권5의 〈만랄가滿剌加(말라카)〉 조[16]를 참고했다는 내용이다. 이덕무는 1779년 검서관을 지내며 규장각의 많은 희귀본 도서를 섭렵하고 여러 종류의 편찬사업에도 참여했으며, 정조의 특명으로 사서 편찬에 많이 관여했다.[17]

그러므로 당시 청조의 금서였던 《방여승략》을 접하게 된 경로도 검서관의 직책으로서 가능했으리라 추측된다.

조수삼은 젊은 시절 이덕무를 따라 수학했다. 이러한 사실은 《경원총집》에 실려 있는 시[18] 등에서 엿볼 수 있으며 이규경의 《오주연문장전산고》에서 조수삼이 이덕무와 그의 아버지 이성호에게 수학했다는 언급을 통해 짐작할 수 있다.[19] 그러한 정황으로 미루어볼 때 조수삼이 이덕무를 통해 《방여승략》과 같은 지리서를 접했을 가능성을 추정해볼 수도 있지 않을까.

앞서 말했듯이, 《방여승략》의 흔적은 그와 동시대의 문인에게서 발견하기가 쉽지 않다. 반면 《방여승략》보다 후대에 저작되었으나, 조선에 유입되어 지식인들 사이에 널리 보급되었던 줄리오 알레니의 《직방외기》는 당시 이익李瀷을 비롯해 안정복安鼎福·위백규魏伯珪·이규경李圭景·최한기崔漢綺 등 일군의 학자들이 인용했다.[20] 하지만 〈외이죽지사〉는 이덕무가 세상을 뜬 후 2년 뒤에 저작되었다. 물론 그 이전에 《방여승략》을 정독했음은 분명하겠지만, 그가 이덕무를 통해 《방여승략》 열람의 기회를 얻었으리라는 추측은 시일을 두고 면밀히 검토되어야 할 것이다. 이것이 금서 《방여승략》 입수 과정의 첫 번째 추측이다.

두 번째로 다음과 같은 추측을 할 수 있는데, 그의 첫 연행이 1789년에 이루어졌으므로 입연했을 당시 《방여승략》을 직접 손에 넣었을 가능성이다. 실제로 그는 당시 중국 금서에 많은 관심을 보였는데, 그 일례로 1829년 마지막 연행 당시 금서였던 곡응태谷應泰[21]의 《명열조실록明列朝實錄》 461권을 우연한 기회에 접하게 된다. 조수삼과 함께 관사에 머물렀던 이석여李錫汝(이름은 진구鎭九)가 책을 구입해 그와 함께 정정訂正하기도 했다. 조수삼의 〈명실록가明實錄歌〉 병서幷序와 시 내용에서는 당시 지식인들의 금서 유통 경로의 일단을 살펴볼 수 있다.

이 실록은 사관 곡씨가 편수한 것인데, 실로 명나라의 전체 역사를 포괄하는 것이다. 그 후손이 가난하여 그것을 지킬 수 없었기 때문에 세상에 흘러나온 것이다. 순조 29년(1829) 기축년 겨울, 내가 사신을 좇아 연경에 들어갔는데 이석여와 같은 관소에서 묵고 있었다. 그때 이군이 책방에서 비싼 값을 주고 이 실록을 사가지고 와서 나와 함께 정정하자고 부탁했다. 그러고는 그것을 싣고 귀국하여 나라에 바쳤다. 그 후 그것은 북단 장서각에 보관되었는데 이로부터 문헌 고증에 많은 도움을 줄 수 있었다.[22]

《명열조실록》을 가까스로 손에 넣은 이진구와 조수삼은 밤새 조선의 황지黃紙에 베끼고 사실과 다른 내용을 정정했다. 혹시나 들킬까 문을 닫고서 촛불을 켜고 읽어가는 과정을 시 본문에 상세히 밝혔다. 이처럼 현지의 책 거간꾼을 통해 금서 등을 유입하는 사례가 더러 있었던 것이다.

마지막으로 조수삼이 《방여승략》과 같은 금서를 접할 수 있던 경로를 책 거간꾼 조신선과의 연관성에서 추론할 수 있다. 조신선은 조수삼 집안과 선대부터 왕래가 있었던 인물이다. 그러므로 당대 최고의 거간꾼이었던 조신선을 통해 이 책을 구입했을 경우도 생각해봐야 한다. 조수삼은 조신선을 위해 〈육서조생전鬻書曹生傳〉을 따로 저작했는데 이 전의 논평 부분에 다음과 같은 구절이 나온다.

> 내가 7~8세 때에 글을 제법 엮을 줄 알았다. 선친께서 어느 날 조생에게 《당송팔가문唐宋八家文》 한 질을 사주시면서 이 사람은 책 장수 조생이며, 집에 소장한 책들은 모두 이 사람에게서 사들인 것이라고 하셨다.[23]

위에서 말하는 책장수 조생은 바로 조신선인데, 조수삼의 나이 7~8세 무렵부터 그를 직접 봐왔다고 했다. 《방여승략》

을 어떻게 손에 넣었건 간에, 그 책이 '상상 속의 견문'을 제공해주는 역할을 한 것임은 틀림없다. 조수삼은 당대 어느 문인보다도 이 지리서에 애착을 갖고 일일이 고증하려는 자세의 일환으로 〈외이죽지사〉를 쓰게 된다. 그는 《방여승략》을 통해 간접적으로나마 넓은 세상과의 소통을 시도했다.

그렇다면 여기서 《방여승략》과 같은 지리서의 보급이 당시 지식인들의 천하관에 어떠한 영향을 미쳤는지 살펴볼 필요가 있다. 조수삼의 〈외이죽지사〉 창작은 《방여승략》〈외이〉 편에서 직접적인 영감을 얻은 지극히 '개인적인' 동기를 수반한다. 그러나 한편으로 지리서 보급의 전통과 당시 지식인의 학적 경향이라는 큰 테두리 안에서 〈외이죽지사〉가 탄생했음도 자명한 일이다.

17세기부터 시작된 천문 지리서 등의 서양 학술 서적과 서구식 세계지도의 보급은 지식인들을 중국 중심의 세계관에서 점차 벗어나게 해주었다. 지리서 안에는 지도를 첨부한 경우도 있는데 《삼재도회三才圖會》 등에 실린 〈산해여지전도山海興地全圖〉[24]와 같은 것은 조그만 책자 안에서 넓은 세계를 간접적으로 경험하게 만들었다. 이 〈산해여지전도〉는 《방여승략》〈외이〉 권1에도 〈산해여지전도총서〉, 〈도해圖解〉와 함께 수록되어 있다. 이는 기존의 단원형 및 타원형 세계지도가 아닌,

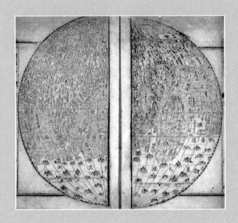

《방여승략》에 실린 〈동서양반구도東西兩半球圖〉

17세기부터 시작된 천문 지리서 등의 서양 학술 서적과 서구식 세계지도의 보급은 조선의 지식인들을 중국 중심의 세계관에서 점차 벗어나게 해주었다. 그들은 양반구형 세계지도를 통해 지구가 둥글다는 사실을 이해할 수 있었다.

양반구형 세계지도로서 지구가 둥글다는 사실을 시각적으로 이해할 수 있도록 해준다.

점성가들이 말하기를 별이 큰 것은 지구의 백 배, 십 배나 된다고 하지만, 지금 우러러 바라보니 단지 밝은 하나의 점일 뿐이다. 만일 사람이 그 별이 있는 곳에서 지구를 내려다보게 해도 또한 마땅히 하나의 바둑돌이나 탄환 정도에 불과할 것이다. 그러나 경전을 상고하고 도면과 책을 살펴보면 복희씨伏羲氏의 만국蠻國과 우공禹貢의 구주九州가 빽빽하게 모두 사방 만 리나 된다. 하물며 풀 한 포기 없는 북극과 띠풀 옷을 입은 남방이나 머나먼 황무지와 어두운 바다 밖의 물과 하늘이 아득히 맞닿아 섬들이 어지러이 섞여 있는 곳에 나라를 세우고 땅을 먹고 사는 이들이야 또한 일일이 셀 수도 없을 만큼 많다.[25]

위의 서문에서 조수삼은 지구가 하나의 '바둑돌'이나 '탄환'에 불과하다고 했다. 서구식 지도의 유입이 조선 후기 지식인들의 세계 인식 측면에 상당한 영향을 미쳤다는 점을 감안한다면, 위의 서문에서 보인 그의 반응 또한 이와 무관하지 않다. 그 역시 《방여승략》에 실린 지도와 도해圖解를 면밀히 살펴보았고, 이 서문 역시 지도에 의거해 서술한 부분이라 할 수 있다. 조수삼이 묘사한 '풀 한 포기 없는 북극'과 '띠풀 옷을 입는 남방', '머나먼 황무지', '섬들이 어지럽게 섞여 있는 곳에 나라를 세우고 먹고 사는 이들이 셀 수 없이 많다'는 부분은 그저 피상적인 단상이 아니다.

이렇듯 세상 밖으로 유통이 금지되었던 《방여승략》은 아이러니하게도 조수삼에게는 '세계'로 가는 길을 열어주었다.

제2장
중국을 벗어나 더 큰 세계로

이역의 문화에 호기심이 생기다

내가 근래에 신안 정백이 씨가 편찬한 《방여승략》을 얻었는데, 중국 전체를 낱낱이 열거하고, 천하를 아우른 것이 눈앞에 있는 듯 역력했다. 특히 〈외이〉[26] 열전은 먼 지방을 모아서 중요한 사항을 열거함에 빠뜨린 것이 없었으니 기뻐하며 스스로 말하기를 "어떻게 하면 이 몸에 날개를 달아 그곳까지 날아가 이 책과 같은지 살펴볼 수 있을까"라고 했다. 잠시 후에 또 스스로 생각하기를 "우리나라가 몇 리나 되는가. 그럼에도 내가 아직 다 보지 못했거늘 어찌 광막한 세계를 그리워하며 헛수고를 한단 말인가. 차라리 글로 써서 위로하고 풀어버리리라." (중략) 안타깝다. 내 진실로 집 뒤편에 있는 산조차 오르지 못하고, 먼저 태화泰華를 논하게 되는구나. 우선 책 상자에 넣어두고, 내 평생의 멀리 돌아다니고픈 뜻을 적는다. 을묘 맹추孟秋(1795)에 경원산인이 쓰다.[27]

이 강렬한 독백은 〈외이죽지사〉 서문의 일부다. '원유지지', 그의 일생을 관통하던 네 글자다. 이 말은 세상 밖으로 향한 강한 관심이면서 조수삼 평생의 소원이었다. 그는 늘 "남자로 태어나 천하에 뜻을 두어야 하건만, 조그만 구석에 태어나 몸을 펴지도 못하는"[28] 본인의 처지를 서글퍼하고 있었다.

그렇다면 '원유지지'의 처음은 어디에서 비롯되었을까. 그가 〈외이죽지사〉 서문에서 밝혔듯이 그는 스스로 날개를 달고 날아서라도 이역의 문화를 직접 보고 체험하는 주체가 되고 싶었던 것이다. 《방여승략》에 실린 지도에는 수많은 나라들이 역력히 나열되어 있었다. 또한 이 수많은 나라들이 각자의 다양한 문화를 향유하며 우리와 공존한다는 사실은 그를 매혹시켰다.

조수삼이 《방여승략》 전 권을 열람한 후, 중국 각 지역의 지리 정보를 담은 〈정편正編〉보다 〈외이〉에 관심을 가진 사실 역

시 그 연장선에 놓여 있다. 〈외이〉 편을 다 읽고 나니, 책 속의
나라들을 일일이 가보고 싶은 열망이 한없어진다. 물론 자신
의 삶은 팍팍하기만 해서 집 뒤편의 산도 오를 겨를이 없다는
것을 잘 안다. 그런 이유로 붓으로 세계 곳곳을 그려내며 한을
풀어보리라 마음먹는다. 즉, 〈외이죽지사〉는 조수삼의 날개와
도 같았다.

당대 지식인들의 세계 인식

사실 조수삼의 '날개'는 시대를 막론하고 세계 곳곳을 둘러보
고 싶었던 이들의 소망이었다. 여기 조수삼과 비슷한 인물이
또 한 명 있다.

> 내 일찍이 이에 대해 환상을 가지고 있어, 나의 몸에 나는 새처럼
> 문득 두 날개가 생기게 하고 해외의 여러 나라들을 두루 다녀 그
> 산천과 인물의 기이함, 문자와 언어의 상이함을 살펴보고 싶었다.
> (중략) 고금古今에 멀리 유람한 자로는 한대漢代의 장건, 당대唐代
> 의 삼장법사, 원대元代의 야율초재[29], 근자에는 서하객徐宏祖[30]으
> 로서 이 네 사람은 내가 아끼고 또 부러워하는 이들이니 동시대에
> 태어나 함께 모시고 따르지 못함이 한스럽다. 지금 회암梅菴 우통

尤侗 선생의 〈외국죽지사外國竹枝詞〉를 읽어보니 나의 원유에 대한 생각이 더욱 깊어진다. 심재 장조張潮가 찬하다.[31]

이는 장조가 우통의 〈외국죽지사〉에 서문을 붙인 것이다. 장조의 이 말은 조수삼이 〈외이죽지사〉에서 밝힌 내용과 매우 유사하다. 조수삼이 《방여승략》을 읽고 그 안에 기록된 지역의 광대함과 정밀함에 감동해, 평소 품고 있던 원유지지의 포부가 발동했던 것처럼, 장조 역시 우통의 〈외국죽지사〉를 대하고 그와 비슷한 생각을 했던 것이다.

조수삼은 우통의 〈외국죽지사〉를 즐겨 읽었다. 읽은 것뿐 아니라 일일이 필사해놓았으리라 짐작된다. 그래서 그가 필사해놓은 우통의 〈외국죽지사〉가 그의 작품으로 오인되어 다시 필사되는 해프닝이 벌어지지 않았던가. 규장각 필사본 《추재시고》가 바로 그것이다. 20세기에 나온 연활자본 《추재집》에서는 다행히 우통의 〈외국죽지사〉를 제외시켰으나, 여전히 오류가 존재했다. 팔민八閩 사희정沙喜亭의 작품 〈일본잡영日本雜詠〉이 어떤 서지적 검토도 거치지 않은 채 조수삼의 〈외이죽지사〉의 한 부분으로 간주되어 분석, 연구되기까지 했던 것이다.[32]

역설적이게도, 이러한 오류의 원인은 '준비의 달인'이었던 조수삼에게 있다. 즉, 그가 이처럼 《방여승략》 외에도 수많은 작품을 섭렵하면서 지도 위의 세계 여행을 할 만반의 준비를 하는 과정에서 필사해놓은 작품들 덕분에 비롯된 문제이기 때문이다.

《방여승략》〈외이〉 편을 통해 조수삼은 중국 외에도 세계를 이루고 있는 각국의 존재 가치를 느낀다. 이러한 점에서 〈외이죽지사〉의 창작 의도는 단순히 이국적 풍경을 묘사하고 그 감상을 전달하려는 차원에서 그치지 않는다. 즉 당대 지식인들의 '세계관' 변화의 한 선상에서 조수삼 자신의 인식 변화를 피력하는 데 있는 것이다. 〈외이죽지사〉는 비록 《방여승략》 〈외이〉 부분을 모티프로 해서 만든 '상상의 견문록'이지만, 그의 학문적 경향을 짐작케 하는 실마리도 제공한다. 그는 〈외이죽지사〉 서문에서 다음과 같이 말하고 있다.

글이 200여 년 전에 이루어진 것이라, 당시의 먼 지방 사람들이 모두 중국에 이르러 오지 않았고 설명에 어그러지고 잘못된 것도 자못 많아서 마침내 그 설명을 채택한 데에 평소 기록하고 들었던 바를 추가했다. 군더더기는 줄이고 소략한 것은 상세히 하며, 어긋난 부분은 바로잡아 합하여 죽지사 122장을 이루었다. 기록한 나라는 대개 83개국인데, 지역이 근접하거나 풍속이 같은 것들, 기록이 있지만 근거가 없는 것들은 모두 빼버렸다.[33]

조수삼은 《방여승략》의 내용을 상세히 살펴 잘못된 오류는 바로 잡고, 너무 소략한 내용은 보충했다는 과정을 제시했는데, 여기서 그의 학문적 태도가 엿보인다. 18세기 후반은 청조 고증학考證學이 팽배한 시기였고, 조선 지식인의 학풍 역시 이 자장 안에 있었다. 특히 이덕무의 경우 고거考據와 변증辨證에 뛰어난 학자였음은 널리 알려진 사실이며, 그러한 학적 성향은 손자인 이규경에게로 이어진다. 조수삼이 이성호·이덕무 부자에게 수학했으니 이들의 학문적 자세는 그에게 충분한 귀감이 되었을 것이다.

조수삼보다 후대 문인이었던 이유원李裕元의 경우도 〈이역죽지사異域竹枝詞〉 30수를 저작했고, 소당小棠 김석준金奭準 역시 〈화국죽지사和國竹枝詞〉를 저작했다. 김석준의 경우는 직접 일본을 견문한 기록을 〈화국죽지사〉로 남긴 것이다. 즉 직접적인 해외 체험에 의한 저술인 반면, 이유원은 조수삼과 같이 이국의 지리와 문화 정보를 기록한 저서를 통한 간접 경험을 저술했다고 볼 수 있다. 이유원의 〈이역죽지사〉는 청대의 《직공도職工圖》를 참조해 만든 것이다. 이유원은 〈이역죽지사〉 서문에서 《해국도지海國圖志》와 《직공도》의 조공국 숫자가 차이가 나지만 《직공도》에 기재된 것을 따라 기록한다[34]고 했고, 실제의 내용도 《직공도》에 실린 그림을 참조해 시를 창작했다.[35]

반면 조수삼은 달랐다. 《방여승략》에 실린 지도와 도해를 면밀히 분석하는 과정과 더불어, 《명사明史》, 《대명일통지大明一統志》, 《직방외기職方外紀》 등과 같은 역사·지리서 등을 참고하는 등 자료를 대하는 방법 자세가 매우 적극적이었다. 이는 낯선 세계를 인식하고자 하는 그의 노력을 명징하게 보여준다.

〈외이죽지사〉는 중화 문명권 이외의 문물에 대한 보고서라고 할 수 있다. 〈외이죽지사〉는 우선 외국을 소재로 한 조선의 죽지사로서는 가장 방대한 양을 차지한다. 그만큼 많은 지역의 정보가 담겨 있고, 그 지역 토착민들의 모습이 생생하게 형상화되어 있다.[36] 달단韃靼(타타르)·유구·안남(베트남)·일본·섬라暹羅(태국) 등 중국과의 책봉·조공의 역사가 오래되었거나 지리적으로 가까운 동남아시아 국가들이 등장한다. 이외에도 구자龜玆(쿠차)·천방天方(메카)·고리古里(인도의 캘리컷Calicut)·묵덕나墨德那(시리아)·불름佛菻(비잔틴 제국) 등 중앙아시아나 인도 등 여러 지역들에 대한 풍속과 지역민의 특성이 중점으로 묘사되어 있다. 건치연혁이나 중국과의 정치적인 관계 등은 대폭 생략했으며, 각 지역의 문화적 특성에 대해 우열을 논하는 자세는 지양하고 그대로 '보여주기'식의 전개를 해나간다. 그 행간에 조수삼의 '타자에 대한 시선'이 들어 있다.

만일 대상을 보는 이가 화이론華夷論으로 점철되었다면 그 타자, 특히 기존의 통념으로 동아시아의 유교문화권에 들지 않거나 동문세계同文世界에 속하지 않은 이역異域 혹은 이문화에 대해 이질적이고 미개한 대상으로 인식하고 이를 기저基底로 해서 기록했을 것이다.

그러나 대상을 보는 이가 상대적인 시각으로 타자를 인식했다면 이들을 가치 있는 존재로 남기며 기록했을 것이다. 작자가 착안한 타자와 그에 대한 인식은 결국 자신의 필요를 기준으로 이루어진다고 했다. 그러므로 〈외이죽지사〉를 읽다보면 조수삼의 조선 밖 풍경을 향한 시선을 감지할 수 있을 것이다.

제3장
이런 나라, 저런 나라

조수삼의 여행 버킷리스트, 〈외이죽지사〉

거대한 땅덩어리의 한 점에 불과한 조선 땅. 거기서도 제대로
꿈을 펼치지 못하는 자신의 심회를 책 속에 풀어낸 〈외이죽지
사〉. 조수삼은 《방여승략》에 펼쳐진 세계에서 자신이 가보고
자 하는 나라들을 뽑아 또 하나의 세계를 빚는다. 그는 동아시
아·동남아시아·중앙아시아·인도·유럽의 나라들을 종횡으로
오간다. 한편으로는 과연 이런 나라들도 있을까 하는 이질감
과 호기심이 교차한다. 조선의 좁은 골목에서 즐긴 그의 와유
臥遊에 동행해보는 것은 어떨까.

독특한 풍속을 가진 섬나라, 일본

일본은 왜노倭奴이며, 조선 동남해 가운데 있다. 전하기를, 진시황 때 방사方士 서불徐市이 오백 명의 어린 남녀 아이들을 청하여 불사약을 구하려 하고는 몰래 오곡五穀과 백공百工들로써 그를 따르게 하여 해중으로 들어가 큰 들판과 평원을 얻고, 머물러 왕 노릇을 했다. 그 지역에 등귤藤橘이 많이 나니, 이 때문에 '평원平原'과 '등귤藤橘'로 토성土姓을 부여했다.

수隋 개황연간(581~600)에 사신을 보내어 입빙入聘하며 그 서書에 이르길 "해가 뜨는 곳의 천자가 해가 지는 곳의 천자에게 서신을 보내니 무양無恙하신지"라 했다고 한다. 명明 만력연간萬曆年間(1573~1620)에 평수길平秀吉(도요토미 히데요시)이 관백關白을 죽이고 그 자리를 찬탈했는데, 관백이라는 것은 곧 왕이다. '곽광霍光'에게 모든 일을 먼저 '관백'한다는 뜻에서 취한 것이다.[37]

평수길이 중국을 치려고 했는데, 그보다 앞서 조선을 노략질했다. 이여송, 양호, 낙상지 등이 토벌해 마침 평수길이 죽게 되었다. 드디어 조선과 강화했지만 후에 다시 침략하여, 지금은 중국 세계에 들이지 않고 있다. 단지 장기도長崎島에서부터 항주杭州를 통해 장사하고 있을 뿐이다.

그 지역은 자잘한 섬이 많고 자갈밭 투성이이며, 그 습속이 싸움

을 좋아하여, 성이 날 때마다 사람을 죽이곤 한다. 사람마다 두 개
의 검을 차고 있는데, 하나는 공검公劒이라 하며, 하나는 사검私劒
이라 한다. 공검은 전쟁에 임하지 않으면 절대 뽑지 않으니 그 법
이 매우 엄준하다. 여전히 진秦의 구습이 많이 남아 있다. 부인들
은 이빨에 검은 칠을 하여 용모를 꾸미고, 높은 이를 만날 때에는
신발을 벗고 머리를 조아리며 공경하게 대한다. 일반 백성들의 집
은 모두 이 층으로 세웠으며 관부官府는 오 층이나 되는 것도 있
다. 감저甘藷를 심어서 먹는다.[38]

—

삼도 오기 육백주의 섬[三島五畿六百州]

이 층짜리 민가와 오 층의 누각[二層民戶五層樓]

작은 거울 들고 온 일본의 사신[尺寸鏡磨畠山殿]

공검公劒과 사검私劒 모두 살마薩摩에서 난다네[公私劒出薩摩洲]

문신文身과 칠지漆齒로 여인은 용모를 꾸미고[文身漆齒女爲容]

신을 벗고 머리 조아려 공경을 표하네[脫屨叩頭恭應命]

고운 흙에 감저 심어 금을 뿌려 담아낸다[嫩土甘藷灑金飯]

평平·원原·등藤·귤橘은 성씨 가운데 존귀한 것이라[平原藤橘四尊姓]

일본에 대한 감정은 예나 지금이나 복잡하기 짝이 없다. 유
전적으로 각인된 듯한 미움과 익숙함이 공존한다. 그러나 제

대로 알고 있는가 하면 그렇지 않다.

〈외이죽지사〉의 〈일본〉 조는 조수삼의 고증적 경향이 엿보이는 기록이다. 《방여승략》〈외이〉의 〈일본〉 조에는 중국과의 조공朝貢 기록, 일본의 건치연혁이 자세하게 언급되어 있으나, 이에 반해 풍속에 관한 기록들은 기존의 《명사》나 《대명일통지》와 비교해 큰 차이가 없다.

조수삼이 여기에 부가한 내용은 '관백(간파쿠)'에 대한 설명[39]과 일본 여인들의 칠치漆齒 풍속, 공검과 사검의 자세한 설명, 일본의 가옥구조 등이다. 이 가운데 칠치 풍속이나 관백의 어원, 평·원·등·귤 등 성씨의 기원 등은 이덕무의 《청령국지蜻蛉國志》, 신유한의 《해사동유록海槎東遊錄》 등에서 흔히 찾아볼 수 있는 내용이지만 공검과 사검에 관한 기록은 찾아보기 힘들다.[40]

조수삼은 《연상소해聯牀小諧》에서 일본에 관한 관심사를 진즉 드러낸 바 있다. 《연상소해》 총 73화 가운데 제4화가 일본에 관한 기록이다.[41] '감저'나 '견절鰹節'[42] 등 일본 토산품에 대한 기록과 일본의 검을 만드는 장인 좌작기左作記 이야기 등은 그가 〈외이죽지사〉〈일본〉 조에 기록한 풍속의 내용들과 겹친다. 가옥 구조에 대한 언급 또한 특징적이다. 이덕무 역시 《청령국지》에서 일본의 가옥구조를 상세하게 설명하고 있지만,

조수삼이 〈외이죽지사〉에서 언급한 내용은 발견되지 않는다.

작은 오랑캐 나라, 비사나毗舍那

비사나는 유구(오키나와) 옆의 작은 오랑캐 나라다. 마치 새처럼
지저귀는 말을 쓰며 벌거벗은 몸으로 다니는데 철을 좋아하는 성
향이 있다. 사람들이 문을 닫아 놓으면 들어가지 않되, 다만 그 문
고리를 떼어서 간다. (철로 만든) 수저나 젓가락을 던지면 고개를
숙여 줍느라 몇 걸음 늦추기도 한다.

적을 앞에 두고는 표창을 사용하며 수십 길이 넘는 줄로 매어 조
종한다. 철기鐵騎를 보면 다투어 병기를 다듬는데, 비록 머리를 나
란히 하고 죽는다 해도 후회하지 않는다. 대개 그들은 철을 애호
하여 버리지 못한다.

배를 만들어 타지 않고 대나무를 엮어 뗏목을 만드는데 병풍처럼
접을 수 있어서 급하면 여러 명이 들어 올려 매고 물에 띄워 도망
간다. 이들은 오랑캐들 가운데 가장 체구가 작다.[43]

—

작은 몸을 꿈틀대며 새의 말로 조잘조잘[蟲身蠕蠢禽言滑]
무리 지어 낙타처럼 대나무 뗏목을 어깨에 짊어졌다[隊隊肩駝山竹筏]

모래사장에서 머리 나란히 하고 죽는 것 아깝지 않고[不惜沙場騈首戮]

말 앞에서 병기를 보면 다투어 철을 다듬네[馬前戈甲爭刓鐵]

'비사나'는 유구국 옆에 있는 작은 섬나라였다. 이와 비슷한 기록은《송사宋史》에도 실려 있으며, 조수삼은 이를 참조한 것으로 추정된다. 몇 글자의 출입을 제외하고는 그 내용이 매우 흡사하다.[44] 정작 그가 보았던《방여승략》〈외이〉편에는 유구국에 대한 기록만 있을 뿐 '비사나'의 기록이 없다.[45]

이런 상상을 해본다. 〈외이〉편의 유구국을 읽던 그는, 언젠가 보았던 비사나에 대한 이야기를 떠올렸다. 그러고는《송사》를 비롯한 역사·지리서를 참조해 〈외이죽지사〉에 추가했던 것이다. 《방여승략》〈외이〉에는 실리지 않았지만 분명 흥미로운 나라였다. 물론《송사》만 참조하지는 않았을 것이다. 뗏목을 병풍처럼 접을 수 있다던가, 비사나의 토착민들이 이민족들 가운데에서도 가장 작다는 묘사는《송사》에는 없는 내용이다. 철을 좋아하며 호전적인 그들의 모습 외에 구체적인 화소를 더하여 상상의 여지를 주었다.

비사나가 현재의 지명으로 어떤 곳인지는 명확치 않다. 분명한 것은 당대 지식인들에게 많이 읽혔던《직방외기》나 〈곤여만국전도〉,《명사》〈외국열전外國列傳〉에도 수록되어 있지 않은 이 지역을 조수삼이 〈외이죽지사〉를 통해 상당히 자세하게 소개했다는 점이다. 옛 유구국이었던 오키나와는 수많은 섬들로 이루어져 있다. 이 키 작은 이민족이 유난히 철을 좋아했다는 구절에서 필자는 문득 철기 생산으로 유명한 시코쿠[畔] 섬이 생각났다. 그러나 이는 오사카 섬 근처에 위치해 있으니 가능성이 줄어든다. 이곳이 어디였을지 조수삼 역시 줄곧 궁금해 했으리라.

왕위를 세습하지 않는 고리

고리는 서양 여러 지역의 대표적인 도시다. 명나라 영락연간(1403~1424) 중에 조공을 했다. 그 왕은 불교를 숭상하며 왕족은 다섯 종류의 구분이 있다. 죽으면 왕위를 자식에게 물려주지 않고, 조카에게 물려준다. 또한 말린 소똥을 주머니에 차고 다닌다. 계산을 할 때는 손가락 열 개와 발가락 열 개를 사용하여 계산하는데 나는 듯이 빠르며 털끝만큼의 오차도 없다. 송사가 일어나면 기름을 끓여 곡직을 판별한다.[46]

—

송사의 곡직은 기름을 끓여 판별하고[訟庭曲直探油辨]

열 손가락, 열 발가락 신기하게 빠른 계산[廿指如飛算法奇]

주머니엔 소똥 차고 오족五族으로 나뉘어[牛糞鑿囊分五族]

집안은 아들 아닌 조카에게 물려주네[家傳甥弟不傳兒]

고리는 인도의 캘리컷이다. 여기서의 서양西洋은 소서양小西
洋인데 이는 인도 반도를 말한다. 인도 사람들이 손가락을 사
용하여 빠른 셈을 하는데 한 치의 오차도 없다고 표현함과 동
시에 왕이 부도를 좋아하는 불교 국가라는 점을 묘사했다.〈외
이죽지사〉에는 천축天竺(인도), 고리, 응제아應帝亞(인디아), 파
라문婆羅門(브라만) 등 인도와 관련된 기록이 비교적 많은 편
이다. 특히 조수삼은 이들의 왕위 계승 방법에 상당히 관심이
많았다. '왕위를 자식에게 물려주지 않는다'라는 전제를 조수
삼은 이해할 수 있었을까? 자식에게 그 왕위를 세습하는 유교
문화권에서는 생각할 수 없는 방식이었다. 이 지역에서는 왕
위 계승이 '세습'이 아니었다. 이러한 사실은 이색적인 인상을
넘어서서 낯설었다.

그들은 법적으로 판가름을 해야 할 상황에는 기름을 끓여서
점을 치듯 해결한다. 그리고 주머니엔 항상 말린 소똥을 차고
다닌다. 자칫, 미개하다는 선입견을 가질 수 있는 상황에서 그
는 문화적 우열에 관한 일체의 품평은 하지 않았다. 인도의 어

느 한 곳을 신기한 눈으로 바라보는 여행자처럼 읽는 이에게 그곳의 풍경만을 제시해준다.

힌두교의 특성상 소가 많이 다녔던 인도에서 소똥은 상당히 유용했다. 말린 소똥은 연료로 사용했을 때 연기가 크게 나지 않고 잘 타서 굉장히 효율적이기까지 하다. 재미있는 사실은, 인도에는 여전히 소들이 많이 다니며 귀천의 계급이 존재하고, 세계에서 가장 뛰어난 수학자들이 배출되며 소똥으로 연료를 삼는 집들이 많다는 점이다. 조수삼이 지금 세상에 태어나 인도를 여행했더라도 똑같은 시를 썼을 것 같다.

금은보화와 향신료가 풍부한 응다강應多江

인디아(인더스강 유역)는 서해 가운데 있다. 그 지방은 면적이 만 리나 되며 왕이 다스리는 지역은 천 리다. 천하의 금은보화들, 이름난 향신료 등이 모두 이곳에서 난다. 나뭇잎을 종이로 삼고 송곳으로 붓을 삼는다. 그 왕은 얼굴에 금을 칠하는데, 왕위는 자매의 자식들에게 전하며 친자식에게는 녹봉을 주어 스스로 살게 한다.[47]
—
인디아의 천 리는 왕의 기내가 되니[應多千里作王圻]

금칠한 얼굴로 조카에게 왕위 준다[鎏面邦君嗣甥兒]

송곳 붓에 나뭇잎 종이 싸움도 없어[錐筆葉書無撓競]

민풍이 어찌 그리 태곳적과 비슷한가[民風何似結繩時]

《방여승략》에 실린 인디아는 다음과 같다.

인디아는 지역의 총명이다. 중국에서는 '소서양'이라 칭해졌으며 응다강(인더스강)으로 그 이름을 삼았다. 반은 '안의강' 내에 있고, 반은 안의강 밖에 있으며 천하의 보석과 보화들이 이곳으로부터 나온다. 세포細布와 금은, 향신료, 목향·유향약 등의 물품들 때문에, 사시사철 동서의 해상海商들이 이곳에 와서 교역한다. 나뭇잎에 그림을 그리며 철로 된 송곳으로써 붓을 삼고, 야자椰子로 술을 만든다. 그 나라의 왕은 모두 자매의 아들로 후계자를 삼으며 친자식에게는 녹을 주어 스스로 살 수 있게 할 뿐이다.[48]

응다강은 인더스강을 음차해서 쓴 것이며 응제아는 인디아를 음차하여 쓴 것이다. 여기서 조수삼이 죽지사의 제목으로 삼은 것은 인더스강, 즉 응다강이다. 그는 인디아의 풍속 중 역시 왕위 계승 방식에 흥미를 느낀다. 인도의 캘리컷에서도 이 사실을 언급했다. 하지만 여기서는 조금 구체적이었다. 왕위를 조카에게 물려준다는 내용은 인도 캘리컷 부분에도 묘사되어 있었지만 그 대상이 왕의 여자 형제들의 자제라는 점은 새로운 내용이었다.

조선·중국·베트남·유구 등에서는 왕의 아들로 태어나면 태자의 대우를 받으며 일찌감치 예비 왕으로서의 교육을 받는다. 생계를 걱정하거나 장래에 무슨 일을 해야 할지 등의 '현실적'인 고민은 이들과 크게 상관이 없다. 그러나 인디아에서 왕의 아들로 태어났다면 '먹고살 일'을 궁리해야 한다. 왕족으로서 그에 해당하는 녹봉을 주지만 이른바 생활비를 운용하고 재테크를 활용하는 안목은 스스로 길러야 했던 것이다.

그는 인디아의 풍속을 '결승문자結繩文字(숫자나 역사적 사건 등을 새끼나 가죽 끈을 매어 그 매듭의 수효나 간격에 따라 나타낸 일종의 문자)'를 쓰던 고대와 비슷하다고 했다. 이를 두고 미개하다는 비유적인 표현으로 볼 것인가, 아니면 여전히 때 묻지 않은 태곳적을 상징하는 표현으로 볼 것인가는 시를 해석하는 이에 따라 달라질 것이다. 조수삼은 아마 이들을 긍정적 시선으로 바라본 듯하다. 물산이 풍부하고 향신료가 많아 유럽과의 무역이 성행했을 이곳엔 '경쟁'이 없었다. 경쟁이야말로 시공을 초월해 사람들을 불행하게 만드는 이유가 아닌가.

적토국의 후손, 섬라

섬라(태국)는 적토국[赤眉]의 후손들이다. 원나라 지정至正연간
(1341~1368)에 금으로 된 글자를 박은 표를 올리고 금으로 수놓
은 옷을 하사받았다. 이후, 명나라 홍무洪武·영락永樂·성화成化·
가정嘉靖·건륭·가경嘉慶에 모두 입공했다. 지금은 이 년에 한 번
씩 조공한다. 그 지역은 광동에서 배를 타고 순풍에 사십 일 정도
면 이를 수 있다.

(중략) 백성들은 모두 누각처럼 만든 집에 거하며, 왕이 죽으면 수
은을 배에 채운다. 일반 백성들은 수장이나 조장을 한다. 저자에
서는 무늬가 새겨진 은과 철이 통용된다. 집안일은 부인에게 결정
권이 있으며, 부인들은 해상海商들과 많이 간통하며 이를 영예로
여긴다. 남자들은 음경에 방울을 달아 씌운다. 사람들이 죽으면
불경을 외는데 글자를 가로로 쓰고 읽기도 가로로 읽는다. 남자들
이 여인이 짠 붉은 자수를 이마에 두르는데 새로 붙인 자가 신랑
이 된다.[49]

―

①

집안일은 집집마다 부인의 말을 듣고[家事家家聽嬈人]
젊은 사내 앞다투어 이마에 붉은 신랑 띠[阿郞爭試額紅新]

불자佛字를 가로로 쓰고 또 읽으며[橫書佛字仍橫讀]

왕은 수은으로 백성은 조장鳥葬으로 장사 지낸다[汞葬君王鳥葬民]

②

층층의 누각 모든 집이 똑같은 듯[層層樓觀萬家同]

무늬 새긴 철과 은은 저자에서 통하네[鐵印紋銀市賈通]

지난 밤 상선 문 밖에 정박하니[昨夜商船門外泊]

만령 달고 한가롭게 앉아 춘풍을 희롱했지[鎗鈴閑坐弄春風]

섬라는 태국이다. 적미赤眉는 적토국, 즉 '레드 어스Red Earth' 혹은 말레이어로 '타나메라Tanah Merah'라 불렸던 곳이다. 적미의 후손들이라는 말은 섬라 지역의 사람들이 옛 적토국에 있었던 사람들과 민족적 특성을 함께한다는 말이다.

조수삼이 주목한 섬라의 특이한 풍속은 집안의 결정권을 여인에게 맡긴다는 점이었다. 또한 글씨를 세로로 쓰지 않고 가로로 쓴다는 사실도 신기했다. 지금이야 이상할 것도, 신기할 것도 없는 글쓰기 방식이지만 한자를 세로로 써내려갔던 지역에서 본다면 이처럼 기괴한 일은 없을 것이다. 요즘은 사정이 바뀌어서 글자가 세로쓰기로 된 책들은 영 눈에 들어오지 않지만 말이다.

일찌감치 해상 무역이 발달했던 이 지역은 이미 철과 은으로 화폐를 만들어 사용했다. 게다가 중국 최대의 무역항인 광동廣東과 가까워 바람을 잘 타면 도착하기도 수월해 수많은 상선들이 오갔다. 그래서 이 지역에 꽤 규모 있는 시장이 형성되었던 것이다. 집안에서도 주도권을 가졌던 여인들은 상인들과의 사통私通을 아무렇지 않게 여겼다. 조수삼은 이에 대해서도 호기심을 보인다.

섬라에 대한 기록은 우통[50]의 〈외국죽지사〉에도 기록되어 있다. 우통은 섬라의 여인을 시에 묘사하면서 주注를 달아 설명했다. 그는 "크고 작은 일은 부인이 결정하고, 남편은 명을 따를 뿐이다. 중국 남자를 만나면 좋아하여 반드시 술상을 마련하고 함께 마시다 자는데, 그 남편은 편안히 여기며 이상하게 생각하지 않는다. 그러면서 말하기를 '내 처가 아름다워서 중국 사람들이 좋아한다'라고 말한다[大小事悉決於婦, 其夫聽命而已. 遇中國男子愛之, 必置酒歡飲留宿, 其夫恬不爲怪 曰, 吾妻美, 中國人喜愛也]"[51]라고 했다. 하지만 그는 우통처럼 섬라의 성 풍속을 적나라하게 묘사할 자신은 없었던 듯하다. 그저 시구에서 점잖게 표현했을 뿐이다. 그러나 여성의 권리가 이다지도 막강했던 것을 알았을 때 적잖이 당황하지 않았을까.

바다 가운데 있는 나라, 물누차勿稱茶

물누차(베네치아)는 바다 가운데 있다. 벽돌로 높은 방을 만들며,
구리 벽돌로 성곽을 쌓는다. 땅이 비옥하고 백성들이 손재주가 많
고 뛰어나다. 나라에 군주가 없으니, 매년 대가大家들 가운데서 현
명한 자를 선발하여 나랏일을 맡게 한다. 그러다가 임기가 끝나면
다시 평민으로 돌아간다. 산이 두 개 있는데, 한쪽에서는 화산이
용솟음치며 한쪽에서는 연기가 끊이지 않는다.[52]

—

벽돌로 방 높이며 구리로 성을 쌓고[石塼高房銅塼城]
두 개의 산에서는 연기, 화산 늘 생기네[兩山烟火四時生]
해마다 한 번씩 삼황三皇의 세상 되니[年年一度三皇世]
요 임금, 순 임금도 백성으로 돌아가지[堯舜還他本色民]

《방여승략》에 실린 베네치아는 다음과 같다.

물누차(베네치아)는, 바다 가운데 있으며 벽돌로 높은 방을 만들
며 성곽이 견고하고 아름답다. 그 나라는 군주가 없어도 절로 다
스려지며, 매년 대가중인大家衆人들 가운데 현명한 이들을 가려
뽑아 관직을 주며 임기가 다하면 평민으로 돌아간다. 백성들은 부

유하며 손재주가 매우 뛰어나고 토산품으로는 상등급의 유리가 있다.[53]

물누차는 이탈리아 베네치아[54]의 음역이다. 바다 가운데 있는 번화한 수상 도시의 면모, 토지의 비옥함, 백성들의 지혜로움, 인상적인 관리제도는 조수삼의 이목을 확실하게 끌 수 있는 소재였다. 누가 상상이나 했겠는가. 그가 조그만 방에서 이탈리아 베네치아를 머릿속에 그리고 있었다는 것을. 조수삼의 시, 그리고 줄리오 알레니가 쓴 지리서 《직방외기》[55]의 기록을 그대로 수용한다면 이곳은 분명 군주가 없어도 절로 다스려지는 이상국가理想國家였다.

특히 이 지역의 관리제도는 현대를 살아가는 입장에서도 흥미를 끌 만하다. 즉, 1년에 한 번 좋은 가문의 사람들 가운데 현명한 자를 가려 관리로 등용한다는 것은 무엇보다 '개인의 능력'이 가장 우선시된다는 것으로 이해할 수 있다. 이들의 임기는 1년이기 때문에 이른바 정치적 싸움, 권력의 횡포에서도 비교적 자유롭다. 그 흔한 '레임덕lame duck' 걱정도 없다. 지위에서 물러나면 다시 평범한 백성의 신분으로 돌아간다는 점 역시 획기적이었다.

그럼에도 이 지역은 왕이 따로 없어도 저절로 다스려진다고 했으니 조수삼은 여기서 가장 이상적인 국가의 형태를 볼 수 있었을 것이다. 그래서 이에 대한 단상을 시의 말미에서 "요 임금, 순 임금도 본래 백성으로 돌아가겠지"라고 표현했다.

조수삼은 일생을 신분 갈등에 매여 살던 중인이었다. 세상 어딘가에 군주가 없어도 다스려지고, 능력대로 인정 받는 지역이 있다는 사실은 그의 상상력과 펼치지 못한 포부를 자극하기에 충분했다.

살기도 좋고 제도도 근시한 이곳에 단 한 가지 흠이 있다면 화산이 있다는 것이다. 이는 베네치아와 근접한 거리에 있는 시칠리아(서제리아西齊利亞) 섬의 자연환경을 묘사한 것으로 추정된다.[56] 줄리오 알레니의 《직방외기》에서는 이곳을 에트나 etna 화산이라고 했다. 이 지역을 묘사하기 위해 그는 《방여승략》외에도 《직방외기》를 참조한 것이 분명하다. 에트나 화산은 16세기 초에 화산 활동이 매우 활발했다고 전한다.[57]

그가 베네치아에 대한 정보를 읽었을 때 어떤 감정이었을지 궁금하다. 이런 곳이 만일 존재한다면 중인도 한 번쯤은 나랏일을 맡을 기회가 있지 않았을까. 그는 다시 신기하기만 한 상상 여행의 한 페이지를 넘긴다.

큰 숲에 둘러싸인 돌랑突浪

돌랑(트란실바니아) 또한 바다 가운데 있는데, 일대에 큰 소나무 숲이 수천 리나 된다. 그 나라의 모든 고을이 모두 숲 가운데 있다. 솔방울은 매우 커서 떨어지기라도 하면 사람이 맞아 쓰러질 정도다. 그래서 사람들은 구리로 만든 투구를 쓰고 다닌다. 궁중에 철로 만든 배가 있는데, 왕이 죽으면 그 배를 끌 수 있는 자를 선택하여 왕위에 세운다.[58]

—

하나의 숲 수많은 고을로 이루어져 있고[一座松林一百州]
솔방울은 커서 사람 머리 때릴 만하구나[松毬如斗打人頭]
군왕君王은 덕이 있고 오훼兔처럼 힘이 세서[君王有德能如兔]
팔 걷어붙이고 궁정에서 철주鐵舟 끈다[褰袖宮庭曳鐵舟]

《방여승략》에 실린 트란실바니아는 다음과 같다.

돌랑서이말니아突浪西爾襪尼亞는 큰 소나무 숲 가운데 있는데, 소나무 숲이 몇 백 리나 넓게 이어져 있다. 솔방울의 무게는 몇 근이나 되어 떨어지면 곧 사람을 죽일 만하다. 그래서 사람들은 숲에서 그 밑을 지날 때 반드시 투구를 쓰고 준비를 한다.[59]

〈외이죽지사〉가 실린 《진주선잡존珍珠船襍存》, 연세대학교 국학연구원 소장

〈외이죽지사〉는 1795년 조수삼이 쓴 작품으로, 중화가 아닌 중국 밖의 여러 나라에 대한 기록이다. 《방여승략》에 실린 나라 가운데 자신이 가보고 싶은 나라를 뽑아 설명하고, 하단에 시를 붙여 자신의 심회를 책 속에 풀어냈다.

돌랑의 온전한 명칭은 '돌랑서이말니아'다. 돌랑서이말니아
는 트란실바니아의 음역[60]으로 지금의 루마니아 북서부 지방
을 총칭하는 역사적 지명이다.《방여승략》에서는 광대한 침엽
수림의 자연환경만을 묘사했는데, 조수삼은 여기에 군왕의 자
격, 선출 방식에 대한 정보를 보충했다. 그는 시의 3, 4구에서
군왕은 덕이 있으며 오곽처럼 힘이 세서, 궁정에 비치된 철주
를 끌 수 있다고 표현했다. 오는 중국의 상고시대 인물로, 전
설에 의하면 힘이 세서 육지에서 배를 끌고 다닐 수 있었다고
한다.

조수삼은 적절한 비유를 통해 이 지역의 군주 자격에 큰 흥
미를 드러냈다. 즉, 왕위를 세습하는 것이 아닌, 어떠한 기준
에 부합하는 능력자를 찾아 최고 통치자의 지위에 세운다는
내용이다. 돌랑의 이색적인 자연환경과 더불어 그의 관심을
끌고 기록의 욕구를 자극했던 것은, 바로 이렇게 유교문화권
에서는 볼 수 없었던 신기한 제도였다.

사람들은 솔방울이 떨어질까 싶어 커다란 투구를 쓰고 다
니고, 성 안에 있는 철로 된 배를 힘이 센 장정이 팔을 걷어붙
이고 끈다. 마치 동화의 한 장면이 연상되는 모습이다.

이 지역은 역사적으로 전쟁이 빈번했던 곳이니, 힘이 센 자
에게 권력을 주어 국가의 안위를 맡기게 했다고 추정한다면,

그 군주 선출 방식은 일면 타당할 법도 하다.

북해의 추운 나라, 야차夜叉

야차는 북해北海 가운데에 있는데, 지역이 매우 추워 곡식이 자랄 수 없다. 물은 항상 얼어 있어 토착민들은 얼음을 뚫어 물고기를 잡아 어육魚肉은 먹고 물고기 가죽으로는 옷을 지어 입는다. 물고기 기름으로는 등을 켜고, 뼈로는 가옥과 배, 수레 등을 만든다.[61]
—

어골魚骨로 만든 집에 어골로 만든 수레[魚骨房廬魚骨車]
어유魚油로는 밤에 등 밝혀도 칠흑과 같다[魚燈照夜漆燈如]
어피魚皮로 옷 만들고 어육魚肉은 먹어야 하니[魚皮爲服肉爲食]
일 년 내내 얼음 깨고 부지런히 고기 잡네[終歲開氷勤捕魚]

《방여승략》에 실린 야차는 다음과 같다.

야차국은 땅에 곡식이 생산되지 않는다. 추위가 극심하여 물이 얼어 얼음을 이루는데 토착민들은 얼음에 구멍을 뚫어 고기를 잡는다. 어육으로 굶주림을 채우고 물고기 기름으로 등을 켜며 물고기

뼈로는 집과 배·수레를 만든다.[62]

'야차국夜叉國' 혹은 '야차'는 상상 속의 존재로 여겨 왔다.
'야차'는 본래 산스크리트어의 음역인데, 초자연적 힘을 가진
귀신 같은 존재이며, 음차이기 때문에 '약차藥叉' 혹은 '야차野
叉'로 쓰이는 등 그 표기도 다양하다. 《요재지이聊齋志異》에도
'야차국'이 등장하는데 이는 《방여승략》에서 언급한 '야차국'
과는 거리가 멀다. 하지만 《통전通典》에 《방여승략》과 〈외이죽
지사〉에서 묘사된 내용과 흡사한 '야차국' 기록이 있는데, "유
귀流鬼는 북해의 북쪽에 있는데 북쪽으로 야차국에 이르면 (중
략) 부인들은 겨울에 사슴 가죽으로 옷을 해 입고 여름에는 어
피로 옷을 해 입으며 그 제도는 요족獠族과 동일하다[流鬼在北
海之北, 北至夜叉國…婦人冬衣豕鹿皮, 夏衣魚皮, 制與獠同]"라고 했
다. 완전히 일치하지는 않지만 조수삼이 언급한 야차국의 모
습에 가깝다.
　조수삼이 그 많은 나라 가운데 이들의 생활 방식에 주목해
다시 기록하고 시를 지었던 까닭은 무엇이었을까. 그는 너무도
추운 극지방의 풍속은 어떤 모습을 하고 있었는지 궁금했을 것
이다. 그저 나라 사이의 문화적 우열을 논하기 위해서 그가 글
을 기록하고 시를 쓴 것은 아니었다. 그는 시의 마지막 부분에

서 "일 년 내내 얼음 깨고 부지런히 고기 잡네"라고 하면서 실제로 극한 지역에서 생활에 필요한 필수품을 얻기 위한 야차의 부지런한 모습을 객관적으로 묘사했을 뿐 어떠한 평가도 내리지 않았다.

이곳은 분명 오곡五穀이 자랄 수 없는 척박한 환경이지만, 한편으로 보면 계절의 구분이 있는 동아시아에선 경험할 수 없는 생소한 풍경이기도 하다. 그는 〈외이죽지사〉의 서문에서 이렇게 말했다.

하물며 풀 한 포기 없는 북극과 띠풀 옷을 입은 남방이나 머나먼 황무지와 어두운 바다 밖에 물과 하늘이 아득히 맞닿아 섬들이 어지러이 섞여 있는 곳에 나라를 세우고 땅을 먹고 사는 이들이야 또한 일일이 셀 수도 없을 만큼 많다.[63]

'야차'는 풀 한 포기 없는 북극에서 나라를 세우고 사는 이들의 이야기를 그대로 보여준다. 조수삼이 야차를 선택한 것은 그 지역에서도 사람들이 살고, 그들만의 삶의 방식이 존재한다는 사실을 보여주기 위함일 것이다.

서북 끝에 위치한 홍모국紅毛國

홍모국(네덜란드)은 '아란타'라고도 불린다. 동남해 가운데 있으며, 일본과 거리가 가장 가깝다. 사람들은 감자 농사를 지어 생업으로 삼는다. 오색의 깃털을 짜서 옷을 만들어 입으며 칼을 잘 만들어 머리카락을 불어 날리면 끊어질 만큼 날카롭다. 소변을 볼 때면 한 다리를 높이 들며 말하는 것은 개가 으르렁거리는 것과 마찬가지다.[64]
—

어깨 드리운 장삼은 새의 깃으로 만들고[肩帕襤褸鳥羽裁]
허리에 번쩍이는 칼, 상어 가죽으로 묶었네[腰間秋水佩鮫胎]
감자를 캘 때는 쌍 호미를 들고 파며[穫藷慣用雙鋤挖]
소변을 볼 때에 한 다리를 들고 본다[撒尿常敎一脚擡]

홍모국은 네덜란드를 말한다. 이에 대한 기록은 다른 사료에서도 적지 않게 발견된다. 이덕무 역시 홍모국에 대해 다음과 같이 언급했다.

아란타阿蘭陀 서북 끝에 있는 가장 추운 나라이며, 홍모국이라고도 한다. 모두 7대주大州가 있고, 아란타는 그중 한 주였는데, 지금은 총명總名이 되었다. (중략) 일본에서 일만 이천 구백 리 떨어져 있다. 그 나라의 임금은 고모파이아古牟波爾亞라 부른다. 그 나라 사람들은 살갗이 희고 머리털이 붉고 코가 높고 눈이 둥글며, 늘 개처럼 한 다리를 들고 오줌을 누며, 아름답게 꾸민 모직毛織 옷을 많이 입는다.[65]

이와 같은 내용이 유득공의 글에서도 보이는데 그는 《화한삼재도회和漢三才圖會》를 참조했다. 이덕무 또한 《화한삼재도회》를 참조해 글을 썼다. 조수삼은 홍모국이 일본과 가장 가깝다고 했지만, 이 같은 내용에 대해 정약용은 일본의 지도가 과장됨을 지적하며 먼 거리도 가깝게 표시하는 일이 종종 있다고 했다. 그는 〈곤여도坤與圖〉를 상고해본다면 "일본과 아란타의 거리는 일만 이천 구백 리가 아닌 십이만 구천 리가 될 것이다"라 하여 실제 아란타와 일본의 거리가 가깝지 않음을 지적했다. 조수삼 역시 《화한삼재도회》에 기재되어 있는 내용을 그대로 옮겨 놓았거나, 지도를 열람할 때 가까운 거리로 착각했을 수 있다.

일본의 에도 막부는 네덜란드를 무역 대상국으로 삼아 빈번히 교류했다. 17세기에 이미 일본은 네덜란드를 통해 서양의 학문과 기술, 심지어 프로테스탄트까지 받아들였다. 그렇기 때문에 양국 간의 우호적 관계는 인지하되, 네덜란드의 지정

학적 위치를 정확히 모르는 상태에서는 '일본과 거리가 가장 가깝다'라고 막연히 생각할 수 있는 것이다.

조수삼과 당대 지식인들의 홍모국에 대한 기록은 꽤 부정적인 시선을 동반한다. 이를 통해 그들이 서양인에 대해 얼마나 생경하게 느끼고 있었는지를 알 수 있다. 그 저변에는 서구 열강에 대한 그들의 호기심과 두려움이 공존해서가 아닐까 생각해본다.

마치는 말

조수삼은 연행이라는 직접 체험을 통해서 중국의 선진 문물을 목도했다. 그저 듣기만 했던 사실들을 직접 눈으로 확인하는 순간이었다고 할 수 있다. 조수삼은 처음으로 시선을 두었던 낯선 대상들의 그 화려함과 기이함을 산문 형태로 기록하지 않았다. 그는 '죽지사'라는 한시 형식을 빌려 내용의 서정성을 살렸다. 그러면서도 자신이 체험한 것을 사실적이고도 정확하게 전달하려 했다. 한 시대를 오롯이 시인으로 살기를 자처했고, 사람 사는 이야기를 좋아했던 그와 참으로 어울리는 선택이었다.

조수삼은 몇 차례의 연행을 통해 바깥 세상에 대한 호기심을 촉발시켰는가 하면 《방여승략》 등과 같은 여러 지리서를 탐독하면서 세상 밖, 즉 중화 문명권 밖을 간접적으로 체험하고자 했다. 그는 이러한 조선 밖 풍경에 대한 관심의 총체를 시화詩化시켰다. 또 필요하다면 면밀하게 주注를 다는 방식으로 독자에게 적극적으로 다가갔다.

중국 땅을 직접 밟고, 지도 위에 펼쳐진 세계를 와유하며 조수삼이 얻었던 것은 무엇일까? 그가 이른바 대단한 학문적 성취나 괄목할 만한 사상의 진보를 이루었다고는 단정할 수 없다. 또한 여행을 통해 문화의 다양성을 인정할 줄 아는 '상대주의적 관점'에 이르렀다고도 확언할 수 없다. 그러나 그는 평생 열망했던 '멀리 노닐고픈 꿈'을 조금이나마 해소했다. 스스로 위축되게 만들었던 조선의 '중인'이라는 껍질. 그것을 벗겨준 친구가 심양에도 있었고 북경에도 있었다.

조수삼은 철저하게 '주변'으로 취급받는 '외이外夷'들을 마음으로 여행하며 그간의 그릇된 시선을 거두게 되었다. 풀 한 포기 나지 않는 극지방에도 사람이 살아갈 수 있으며, 그 존재만으로도 가치가 있음에 그는 놀랐다. 능력 있는 자들이 돌아가며 군주를 할 수 있는 나라(베네치아) 편을 읽을 땐 가슴마저

설렜을 것이다.

　여행을 떠나기 전, 조수삼 자신은 조선의 '주변인'이었다. '외이'의 존재 가치를 인정하는 일은 바로 조선 후기를 중인으로 살고 있는 자신을 인정하는 일과 다름없었다. 조수삼이 자신을 다독이는 모습을 보면서 각박한 현재를 살고 있는 우리도 위로 받을 수 있길 바란다.

제1부 조수삼의 삶

1 조수삼은 초명(初名)이 '경유(景濰)'였으며, 훗날 개명해 '수삼'이라고 했다. 따라서 이름을 '경유(慶濰)'로 바꿨다는 것은 잘못된 기록이다. '경유(慶濰)' 또한 '경유(景濰)'와 혼칭된 것이다.

2 "趙秀三, 字芝園, 以良家爲院吏, 齒象胥, 屢入中國. 嘗在北京, 有詩曰…士大夫多推詡秀三, 秀三亦恃才自高, 改名慶濰. 學醫看病, 出入宰相家, 驕傲不能守分, 見捽於一相公云. 惜哉!" 원문과 역문은 모두 《삼명시화三溟詩話》(강준흠 지음, 민족문화연구소 한문분과 옮김, 소명출판, 2006)를 따랐다.

3 《추재시고》, 〈충경공 석애 조만영을 추모하며[敬挽石厓趙忠敬公萬永]〉.

4 성해응, 《연경제전집燕經齋全集》, 권49, 〈세호록世好錄〉, 〈조진관趙鎭寬〉. "趙公鎭寬字裕叔號柯, 豊壤人, 濟菴公曮子也. 濟菴公入日本, 先君子從之. 遂與公家善, 公雖生長鐘鼎之家, 顧好儒素, 與之遊者皆寒士也. 英宗末試蔭官以策求賢良, 公以侍直中科, 拜同副承旨. 已而濟菴坐關西事謫渭原, 實以捧債故非贓也. 公擊鼓以鳴寃, 方在獄, 獄卒妄言濟菴公就逮時, 姻婭及親知多以罪誅. 公聞之, 恐濟菴公及禍, 卽自刎于獄中, 上憫其孝宥公. 公出獄, 迎濟菴公於路, 創重尙不能言, 路見桔梗而食之, 旣飽而乃能言. 濟菴竄金海病重, 而公亦病瘕, 夢有人言令公之孝可不得終孝乎. 探胸中抽凝血數片, 旣覺而瘳, 得以視濟菴之終. 返而屛居楊津者二十餘年, 以文學卒爲上所知. 復仕于朝至正卿, 而太夫人年高, 乞養歸東湖田廬, 戊辰卒, 壽七十."

5 조수삼과 조진관의 인연은 위의 시를 통해 확인할 수 있으나, 정확히 어느 시기에 어떠한 직책으로 그의 막부에 있었는지는 시일을 두고 고증해야 할 문제다. 국립중앙도서관본 《가정유고柯汀遺稿》에는 조수삼에 대한 기록이 보이지 않는다. 하지만 그의 2차 연행 당시 부사副使였던 이집두李集斗, 4차 연행 당시 정사였던 한용귀韓用龜 등과 교유 사실이 확인되므로, 2차 연행은 이집두와의 인연을 배제할 수 없고, 4차 연행은 조만영의 반당이었다 할지라도 한용귀와 면식이 있었을 가능성이 매우 크다.

6 《추재시고》, 〈석애공 주갑 서[石厓公週甲序]〉. "聖上卽祚之二年五月五日, 卽豊恩府院君石厓趙公週甲壽辰也. 公自弱冠工于詩, 而謬以秀三粗解字句, 愛與之遊, 四十年于玆矣…."

7 《추재시고》, 〈충경공 석애 조만영을 추모하며[敬挽石厓趙忠敬公萬永]〉. "…水石泠泠和百篇, 秋翁逃夏坐金仙, 朝昏小使新魚果, 旬月都綱繼酒錢……."

8 《추재시고》, 〈충경공 석애 조만영을 추모하며 10수[敬挽石厓趙忠敬公萬永十首]〉.

9 《추재시고》, 〈석애공주갑서〉. "…又嘗從事公瀋槎之行, 時方盛夏潦漲, 山澗野渡, 往往有墊沒之患, 每至水次. 公輒踞胡床審察指揮, 雖擔夫馬卒, 待其畢渡而後公乃徐起. 故一行賴而不病涉, 此盖寓古名將濟師之法, 而人不知."

10 《추재시고》, 〈충경공 석애 조만영을 추모하며 10수[敬挽石厓趙忠敬公萬永十首]〉.

11 《추재시고》, 〈송경(개성)에 이르러 운석거인(조인영)과 이별하며[至松京留別雲石擧人]〉. 《추재집》에는 〈송경(개성)에 이르러 상서 운석 조인영과 이별하며[至松京留別雲石趙尙書寅永]〉이라 되어 있다.

12 조수삼의 자주自註에는 "雲石於前年亦有燕行故云"로 되어 있다.

13 위의 각주 11의 자주에 의해 확인된다.

14 《추재시고》, 〈문文〉, 〈운석 조공(조인영) 50수서[雲石趙公五十壽序]〉. "念公淸羸素善病, 藥不離手. 式至于今日, 特幸無聲色嗜欲之移其氣而伐其生者爾, 古之謀國者曰無外憂, 必有內患. 向使公無病而惟移氣伐生之樂爲, 則能至乎日老曰壽, 有未可知也. 然則公之病無足憂, 亦可以爲賀也. 雖然公今血氣始衰, 願公倍節於往日, 延天和於遙年, 如大衍之數, 自五十推之百千, 則是秀三區區之祝也."

15 이규경,《오주연문장전산고·지편·지리류·석五洲衍文長箋散稿·地篇·地理類·石》. "此老八耋登司馬榜, 特除都摠府五衛將. 殊恩也. 嘗受學於我曾王考曁王考, 以功令文名. 又能古文律詩."

16 이 책의〈들어가는 말〉에서 조수삼이 승문원 서리직을 맡고 있었음을 밝혔다. 이덕무는 1779년 외각의 검서관이 된 후 그해 10월에 승문원 이문학관吏文學官을 겸했는데, 이들의 사승관계가 이 시기부터 시작되었을 가능성이 있다. 하지만 현전하는 조수삼의 작품 가운데 확실하게 고증할 만한 부분이 없으므로 별도로 논하지 않는다.

17 한국고전번역원,《한국문집총간》, 257쪽의 해제를 참고한 것이다.

18 《경원총집》,〈중양절에 형암 태수께 시 2수를 드리다[重陽日書呈炯菴太守二首]〉. "…弱冠時事皆零落, 蘭竹疎煙更可憐." 이 시는 연활자본《추재집》권1에〈중양절에 한가하게 읊다[重陽日謾吟]〉라는 제목으로 실려 있지만, 시의 오자(誤字) 및 출입이 발견되어《경원총집》을 참고하는 것이 옳다.

19 《추재집》권4,〈사근역에서 낮에 쉬며 아정 이덕무를 그리워하다[沙斤驛午憩懷李雅亭]〉.

20 《추재시고》,〈문〉,〈박생에게 주다[與朴生]〉. "李炯菴懋官極賞僕少時作. 見輒屢回高詠. 仍嘆曰, 此詩向老必一大變. 詩今變而炯菴之墳草已十數宿矣. 每中宵竊嘆, 恨無所訂其善變不善變也. 賢旣有云云, 則其知之覩之. 亦能如僕之自知, 炯菴之知我耶否. 必有定評, 更惠良規."

21 이덕무,《청장관전서靑莊館全書》권16,《아정유고雅亭遺稿》,〈사집 성대중[成士執大中]〉. "…重陽詩, 溫而潔, 典而則. 如獅子搏象搏兎, 俱有全力. 芝園之作, 軒然屹如, 無復嬰兒姹女之想, 顧不可愛耶." 청성 성대중과 추재와의 교유도 확인되는 바, 형암이 청성에게 보내는 편지글에서 평한 '중양시'는 조수삼이 보낸〈중양절에 형암 태수께 시 2수를 드리다[重陽日書呈炯菴太守二首]〉일 가능성이 있다. 편지의 문맥상 성대중이 이미 조수삼을 알고 있는 상황에서 작성된 글인 듯하다.

22 《조선왕조실록》정조 13년(1789) 7월 14일(무술) 조를 보면 그가 부녕(富寧) 부사(府使)에 재직 중이었음을 알 수 있다.

23 서사는 송석원시사의 이칭이라 볼 수 있다. 조수삼의 문집에서는 이들을 서사

제인(西社諸人)들로 칭한 경우가 많으므로, 이를 따라 '서사'로 칭한 것이다.

24 《추재집》권5, 〈구가〉. "南來再見秋風, 念余舊雨, 零落殆盡, 而野航今又長逝矣. 雖脩短之有定, 奈痛悼之無涯, 遂追賦誄言, 各叙平生之事. 庸寓未死之懷, 哀過杜詩, 數叶楚歌云爾."

25 《경원총집》에 수록되어 있지 않다는 이유로 조수삼과 정이조의 교유를 30대 이후라고 단정할 수는 없는 일이다. 하지만 〈구가〉의 인물 가운데 김예원과 정이조를 제외하고는 모두 《경원총집》에 빈번하게 등장하기 때문에 이를 토대로 교유 시기를 조심스럽게 추측할 수 있다.

26 《추재시고》, 〈구가〉, 〈어산 정무륜[丁漁山茂倫]〉. "…朝吟暮吟出奇語."

27 칠수루는 칠수원(七樹園)에 있는 누대를 지칭하는 듯하다. 칠수원은 송석원 일대의 지역으로 추정되는데, 1793년 조수삼이 32세 때 지은 《경원총집》의 〈칠수원에서 이준과 새해를 맞이하며[七樹園與彝繹守歲]〉를 보면, 조수삼의 지인들이 함께 모여 수창했던 곳으로 추측된다.

28 《추재시고》, 〈정월 대보름 밤 정무륜, 이학원과 노닐던 일을 그리워하다[上元夜懷丁茂倫李學園舊遊]〉. "七樹樓臺記往年, 西丁東李喜聯翩, 新詩此世無雙價. 明月今宵第一圓, 數子摠爲原上草. 百文空辦杖頭錢, 歸當漏盡鍾鳴後. 踏遍梅殘雪霽天, 回憶舊遊誠邈矣, 每逢佳節倍悽然, 九原倘有千金夜. 又入誰家酒似泉." 이 시는 《추재집》권2에 실려 있는데, 정이조와 이경복이 타계한 다음 저작된 이 작품이 권1에 배치된 사실 역시 《추재집》의 편간이 연대순으로 되어 있지 않음을 증명하는 사례다.

29 박경수의 호는 《경원총집》과 《이이엄집》, 《풍요속선》에 각각 다르게 기재되어 있는데, 《이이엄집》과 《경원총집》에 공통적으로 '류목'이라는 호를 포함하고 있으므로, 이에 따른다.

30 장혼의 《이이엄집》에 〈'이이엄'이 완성된 후 유목 잡도인 박치도에 대한 그리움이 일어 짓다[而已广成有懷瘤木卡道人朴釋度]〉라는 만시가 있다.

31 《경원총집》에 〈유목에게 주다[簡瘤木]〉이 실린 순서를 감안하면 저작의 시기는 1787~1789년 사이가 될 듯하다.

32 《경원총집》, 〈간류목〉 3수 중 기일(其一).

33 《경원총집》, 〈학원에게 주다[贈學園]〉.

34 《풍요삼선》에는 그의 자가 '공란(空欄)'으로 되어 있다. 추재는 〈구가〉에서 인물의 호와 자를 병기했는데, 현암이 그의 자인지는 확실치 않다.

35 《경원총집》, 〈학원에게 주다[贈學園]〉. "李氏諸兄弟, 於余竹馬交…."

36 《경원총집》〈중양절 밤 학원의 시에 차운하여[重陽夜次學園韻]〉, 〈가을 밤을 보내며 학원과 함께 시를 짓다[送秋夜與學園同賦]〉, 〈학원이 밤에 다녀가다[學園夜過]〉 2편.

37 《추재시고》, 〈구가〉. "…有一卷秋齋詩, 酒後燈前聽君讀, 憶昔同隣喜過從, 半世知音無金玉…."

38 《추재시고》, 〈학원의 대상일 밤에[學園大祥夜]〉. "春服尋僧寺, 秋齋講道筵. 斯人難再作, 今日已三年. 有淚將何灑, 多書竟孰傳. 空餘舊時面, 孤月上寒天." 이 시는 《추재집》 권1에 실려 있다. 반면 〈3월 2일 밤 학원이 밤에 다녀가다[三月初二日夜學園過]〉는 권4에 실려 있으므로, 이 역시 편간의 오류다.

39 《경원총집》, 〈送直甫下第歸壺山〉. "客袍秋艸碧, 鴻雁趁南賓. 下第亦常事, 還家難慰親. 丈夫當努力, 離別易傷神. 明日西湖上, 黃華解弄人."

40 강명관, 《조선후기 여항문학 연구》, 창비, 1997, 180쪽 도표에는 노윤적의 호가 애일헌으로 되어 있다. 추재의 문집에는 서화방(書畫舫)으로 되어 있으며, 《풍요삼선》에도 역시 서화방(書畫舫)으로 기록되어 있으므로 이를 따른다.

41 강명관, 같은 책, 180쪽 참조. 《옥계사》 시화첩에는 1786년 당시 13명의 경아전 출신 인물들이 모여 송석원시사를 결성하고, 서차(序次)에 그 명단을 수록했는데, 강명관 교수는 이를 도표에 자세히 일별했으며, 필자 역시 이를 참조했다.

42 《이향견문록》에는 금성월(錦城月)이 면성월(綿城月)로 표기되어 있으며, 원 출전은 《범곡기문凡谷記文》(찬자 미상)이다.

43 서화방(書畫舫) 노씨(盧氏)로 기록되었으며, 그 시는 다음과 같다. "盧書畫舫詩以挽之曰, "曲院無雙擅妙齡, 豪家傾産貯娉婷, 千金行樂頭霜白, 一劍酬恩頸血靑, 只顧妾身存大義, 何關夫婿被常刑? 芳名竝掛秋天月, 留照桑間喚夢醒."

44 《추재시고》, 〈구가〉. "不飮寧爲消渴死, 對酒欲涸新豊市."

45 《추재시고》, 〈서화방 주인이 술을 끊기를 청하는 글[請書畫舫主人止酒啓]〉.

46 《추재시고》, 〈가을 밤[秋夜]〉에 "重陽後夜匏園約, 二十餘年昔不違"라는 구절이 있다.

47 《추재시고》, 〈구가〉. "淸晨焚香坐賦詩, 向午扶杖來觀棋…."

48 《호산외기》에는 조수삼의 열 가지 장기[十長]를 일러 풍도(風度), 시문(詩文), 공령(功令), 의학(醫學), 혁기(奕棊), 자묵(字墨), 강기(强記), 담론(談論), 복택(福澤), 장수(長壽)라고 한 바 있다.

49 이에 대한 근거로 도애 홍석모의 〈서은, 패위자 유사[書隱佩韋遺事]〉의 내용을 들고 있는데, 자세한 사항을 언급하지는 않았으므로 이에 본고에서 이와 관련된 예문을 제시해본다.
"서은 조득렴의 자는 연경(蓮卿)이며, 패위자(佩韋子) 정상현(鄭尙玄)의 자는 염백(廉白)으로 여항인들이다. 이들 모두 문필을 갖추어 시로써 이름이 났다. 우리 조부 이계 홍양호 선생께서 이들을 서기(書記)직으로서 좌우에 두셨으니, 저술(著述)과 초록(鈔錄)의 대다수가 이 두 사람의 손에서 나온 것이다. 서은은 지부(地部)의 서반(序班)이라 했는데, 이계공을 공경히 모시는 데 부지런했다. 여항인들 사이에서 칭해지길, 그 시(詩)가 평담(平淡)하고 화평(和平)하며 초당(初唐)의 풍운(風韻)이 있고 학문은 경사(經史)에 근본하여 숙독(熟讀)하고 구해(究解)했으니, 늙어서까지도 게으름이 없었다 한다. 또한 풍수지리에도 능통했으며 돌아다니며 〈책을〉 팔지 않은 적이 없었던 까닭에 그를 모르는 이들이 없을 정도였다. 일찍이 나와 함께 가대인(家大人)을 따라 입연(入燕)하여 큰 대륙을 마음껏 유람한 적이 있다[書隱曹得濂字蓮卿, 佩韋子鄭尙玄字廉伯, 閭巷人也. 俱有文筆以詩名焉. 我王考耳溪先生, 以書記置諸左右, 著述鈔錄多出於二人之手. 書隱稱地部序班, 恪勤奉公以廉勤, 稱於輩類, 其詩沖澹和平, 有初唐風韻, 學本經史, 熟讀究解, 至老靡怠, 又通堪輿之述而未嘗沽衔, 故人無知者. 嘗與余隨家大人入燕, 縱覽大地]." 홍석모, 《도애시문선陶厓詩文選》, 〈혁革〉, 〈서은, 패위자 유사書隱佩韋遺事〉. 필자가 참고한 《도애시문선》, 〈혁〉은 한국학중앙연구원 소장본이다.

50 이 논문은 한양대학교 한국학연구소 편, 《19세기 조선지식인의 문화지형도》, 한양대학교출판부, 2006에 실려 있는 것이다. 동일한 제목으로 김태준 외, 《연행의 사회사》, 경기문화재단, 2005에 실려 있기도 하지만, 조득렴과 조신선의 인적사항에 관련한 항목은 《19세기 조선지식인의 문화지형도》에 수록되면서

증보된 내용이다.

51 강명관, 앞의 책, 184쪽 참조. 1786년에 결성된 송석원시사의 중심 인물들이 《옥계아집첩》에 수록되어 있었다면, 《옥계십경玉溪十景》이라는 시화첩 말미의 〈옥계청금玉溪淸襟〉에 새로운 시사동인(詩社同人)의 명단이 수록되었는데, 그 중 한 명이 조준민曹俊民(조득렴의 다른 이름)이었다고 한다.

52 《경원총집》, 〈창가에서 조여수의 시에 화운하다[聽紗和汝秀韻]〉.

53 《추재시고》, 〈다시 조여수의 시에 화운하다[再和汝秀]〉. "與君三十日, 日日坐茅亭. 晩藥披心赤, 新蕉展眼靑. 雨香深處發, 虛籟靜中聽. 古道今人昧, 終須一喚醒."

54 《추재시고》, 〈조여수의 시에 화운하다[和汝秀]〉에 "路左逢人惟索酒, 眼前無物不成文"라는 구절이 있으며, 〈김이현의 죽음을 곡하다[哭金而玄]〉에 "應有曹書隱, 泉臺酌酒迎"라는 구절이 있다.

55 《추재시고》, 〈曹書隱汝秀頗復源源過從詩以奉政〉참조.

56 《추재시고》, 〈이단전전〉 참조.

57 《경원총집》, 〈이단전의 금강초에 제하다[題亶佃金剛艸]〉. "亶佃雨中來, 遺我金剛艸, 中有萬二千, 茫茫海山小."

제2부 조선 밖을 여행하다

1 《경원총집》, 〈연행기정燕行起程〉, 〈서序〉. "男子生而志四方. 況生乎褊隅者局而不得伸, 窄而不得闢, 終遂淪沒如壤蟲井蛙同歸則吁哀哉! 余生而後時, 旣不叅邦貢之中朝, 又未買大舶追五湖, 惟撫書籍時時黯歎矣. 歲己酉冬蘆上李相國, 膺專對之命, 掄載筆之任, 謬以余謂有文字之責, 而卑其事. 余雖愧無華國之手, 而夙有觀周之志, 於是乎, 出而不辭, 以是歲十月十五日傲裝, 十二月十五日入燕奧, 明年三月二十六日歸國, 在途凡百二十餘日, 在館計四十六日, 得詩幾七籯矣. 而其山川風土謠俗得失, 則固非余小諛之所能紀有者, 此蟲篆幸附驥尾, 凡於往來紀聞, 逢迎酬唱, 不以才拙而闕則, 亦幸也. 然以亦中華一區之偏, 譬諸子長之游, 不過百步之笑, 則此又

股叒誇腋叒之語也爾."

2　《경원총집》, 동국대학교 소장본.

3　유재건, 《이향견문록》, 〈조추재수삼〉, "趙秋齋秀三, 初入中原也, 湖隱李相
國爲上价, 公曰 '吾少睡. 長程永夜, 何以消過, 若有日誦古詩文十章說,
平話十段 與吾碁, 倦而不休者, 其人偕行, 則幸矣.' 秀三聞而自薦, 公與
語大悅. 公故善奕 而又勁敵也, 益歎相見之晚, 許以伴倘帶去."

4　이 시는 연활자본 《추재집》에 〈철판교〉라는 제목으로 실려 있으나, 《경원총집》
에는 5수의 연작시 가운데 첫 번째 시로 수록되어 있다.

5　마르코 폴로, 김호동 역주, 《마르코 폴로의 동방견문록》, 사계절, 2008.

6　이해응, 《계산기정》 참조.

7　《연상소해》, 〈추재연행시〉에는 '달'으로 되어 있다.

8　《경원총집》, 〈연행기정〉.

9　'澆'는 '燒'의 오자인 듯하다.

10　이해응, 《계산기정》 참조.

11　《정조실록》, 29권, 1790년 3월 27일조. "…阿桂, 和珅, 福長安, 金簡等, 總理
稱慶事務, 皇帝雖令節省, 而群下奉行務極侈大, 內外宮殿, 大小儀物, 無
不新辦, 自燕京至圓明園, 樓臺飾以金珠翡翠, 假山亦設寺院, 人物動其機
括, 則門窓開闔, 人物活動, 營辦之資, 無慮屢萬萬, 而一毫不費官帑, 外
而列省三品以上大員, 俱有進獻, 內而各部院堂官, 悉捐米俸. 又以兩淮鹽
院所納四百萬金助之, 方自南京營造, 及期輪致云."

12　《경원총집》 권1, 〈연행을 떠나며 지인들과 이별하다[留別錢行諸人]〉.

13　〈정음전이 소장한 천제오운첩[程音田所藏烏雲帖]〉. "右坡老眞蹟, 元明諸公題
跋, 洵兩絶. 庚戌元日入燕, 音田出家藏新刻本見贈, 爲余愛之深也, 乙卯
張至日, 秀三識." 등총린(藤塚鄰), 등총명직 엮음, 윤철규·이충구·김규선 옮
김, 《추사 김정희 연구[秋史 金正喜 研究][청조문화[淸朝文化]의 동전[東傳] 연구[硏
究]]》, 과천문화원, 2009, 165쪽에서 재인용.

14　조수삼은 1789년에 사행길에 올라, 1790년에 입연했다.

15　등총린의 《추사 김정희의 또 다른 얼굴》에는 완당 자필본에 의거한 〈천제오운
첩〉 제사(題辭)가 실려 있다. 김정희가 방문한 이날이 우연히 소동파의 생일이

었는데, 마침 정음전이 본인의 소장본을 가지고 와서 감정을 의뢰한 것이다. 이에 대해 김정희는 "蘇齋翁氏所藏本爲眞蹟"이라 하여, 옹방강의 진적이 유일본임을 밝혔다.

16 《추재집》 권5, 〈입극시笠展詩〉.

17 《추재집》 권1, 〈음전에게 부치다[屬音田]〉.

18 《경원총집》, 〈연행기정〉, 〈음전 내한 정진갑(자: 야원)과 술을 마시다[飮程音田 振甲內翰也園]〉 2수에서 "主人能作畵, 賓客總唫詩"라고 했다.

19 《추재시고》, 〈문文〉, 〈연정 유희해에게 부치는 글[寄劉燕庭喜海書]〉, 〈유연정에 게 쓰다[與劉燕庭書]〉.

20 《추재시고》, 〈문〉, 〈연정 유희해에게 부치는 글[寄劉燕庭喜海書]〉. "…昨年雲石 公拜嶺南觀察使, 謬辟秀三爲記室參軍矣. 今春使人還, 先生有書於雲石 公, 而按藩之, 不得通書於域外, 邦禮也. 雲石公謂秀三曰邦家之禮, 罔敢 有違, 故舊之書, 不可無答. 無寧折衷乎二者, 則子其爲我替伸鳴謝之儀, 爲己而附陳景仰之懷可乎. 是雲石公又知近日秀三之仰慕先生…."

21 같은 시. "…後十年丙子, 雲石趙公回自京師, 備述燕亭先生文采風流, 而 乃石菴老先生從孫也. 秀三樂聞之, 而益歎一代文星偏照德門, 甚盛甚盛. 每於信使往復書牘, 未嘗不誇示於秀三, 則亦以秀三之有愚忱於老先生故 也."

22 같은 시. "…秀三以乾隆庚戌嘉慶庚申及癸亥及丙寅, 從貢使四次進京, 于 斯時也. 石菴老先生德行言語文章政事, 爲一世所推服, 至若筆翰一出. 人 競寶惜, 雖片札寸牋, 購之必不下數十金, 是不啻重其筆法之妙而已. 盖天 下之士, 莫不尊信慕說, 思欲一充於下風之列也. 秀三顧以海外樸鄙之蹤, 獲瞻淸光, 猥承下問於園班之次, 謹擬選日齋沐. 趨晉門屛, 幸得慈頌, 而 仰聆緒論, 俯隔孤陋. 不幸有負薪之憂, 旣又迫於行程. 未遂下誠, 齎恨東 歸…."

23 같은 시. "…每於信使往復書牘, 未嘗不誇示於秀三, 則亦以秀三之有愚忱 於老先生故也…."

24 조수삼의 자주에 "君家紫藤樹甚古"라고 되어 있다.

25 조수삼의 자주에 "蓄三代以後古錢"라고 되어 있다.

26 조수삼의 자주에 "余爲誦其先公乾隆庚戌與余酬唱舊詩書贈之"라고 되어 있다.

27 조수삼, 《추재연행시제육고秋齋燕行詩第六稿》, 《추재시고》, 〈급사 연정 유희해
[劉燕庭給事喜海]〉.

28 조수삼의 자주에 "君集海東金石錄, 余爲訂整"라고 되어 있다.

29 유희해, 《해동금석원》, 아세아문화사, 1976. "…迄今猶文物之邦, 爰有雲石
趙君(註: 趙雲石名寅永, 字義卿, 朝鮮人, 嘉慶丙子入都, 知余有金石癖, 於書林中晤之,
出行篋所携東碑數十種, 悉以見餉, 嗣後每遇鴻便, 必有金石之寄), 竹林繼美(註: 雲石
小阮, 名秉龜, 字景寶, 亦有金石之好, 道光庚寅春日, 充使來都, 卽以金石爲贄, 修舊好
焉), 山泉金子(註: 金山泉, 名命喜, 道光癸未來都, 與余同好多金石之贈), 棠棣齊名
(註:山泉長兄秋史, 名正喜, 曾於庚午來都, 謁見翁覃溪阮雲臺諸先生, 其經術文名爲朝
鮮一時之冠, 曾手拓古碑寄余), 學富縹緗, 誼敦縞紵, 雅慕中華之敎, 欲觀上國
之光, 鴨水春寒, 鳳城曉霽, 郵程覽勝, 歷盡萬二千峰(註: 趙秀三爲余曰, 一路
來多山, 歷過一萬二千餘峰)…."이 책에 수록된 《해동금석원》은 남림유씨가업당
간본(南林劉氏家業堂刊本)이다. 상해서점에서 간행한 《총서집성속편》에 수록된
유희해의 《해동금석원》에는 유독 조수삼에 대한 자주 부분만 누락되어 있다.

30 《추재시고》, 〈무인년(1818) 가을 내가 종사로 사신을 따라 심양으로 가게 되어
동사(同社)제인들과 이별하다[戊寅秋孟, 余從事接駕使臣, 作瀋陽之行, 留別同社]〉,
〈심양으로 떠나려고 함에 동사의 여러 사람들이 나와 석경루에서 전별해주기
에 이틀 밤을 묵으며 시를 짓다[將作瀋陽之行同社諸公出餞于石瓊樓信宿賦詩]〉.

31 《추재시고》, 무인년(1818) 가을 내가 종사로 사신을 따라 심양으로 가게 되어
동사(同社)제인들과 이별하다[戊寅秋孟, 余從事接駕使臣, 作瀋陽之行, 留別同社]〉,
〈심양으로 떠나려 함에 동사의 여러 사람들이 나와 석경루에서 전별해주기에
이틀 밤을 묵으며 시를 짓다[將作瀋陽之行同社諸公出餞于石瓊樓信宿賦詩]〉.

32 무공은, 《몽학헌매해시초夢鶴軒楳海詩鈔》, 〈제사題詞〉에 실린 시편 가운데 자주
에 "몽학헌과 녹운과는 모두 선생의 별업(別業)이다[夢鶴軒綠雲窠皆公別業也]"라
고 하여, 몽학헌과 녹운과가 무매해의 별장임을 밝혀놓았다.

33 《추재시고》, 〈화매해和楳澥〉 3수 중 기이其二. "溫容雅語見心符."

34 같은 시. "費了潛郎三月俸, 慇懃爲我一行厨."

35 《추재시고》, 〈기무매해寄繆楳澥〉.

36 무공은, 《몽학헌매해시초》, 〈발跋〉 참조.

37 《추재시고》, 〈무공은을 그리워하며[繆楳澥助敎公恩]〉.

38 《추재시고》, 〈심양잡영[瀋陽雜詠]〉의 시 말미의 자주에 "書扇贈繆舘伴令孫"라고 했다.

39 《추재시고》, 〈무공은과 이별하며[別楳澥]〉.

40 등총린, 《추사 김정희 연구》, 〈오숭량과 완당〉 조 참조.

41 이 시는 6차 연행 당시 오숭량이 검주지주黔州知州로 떠나게 되어 그를 전송하며 지은 시다.

42 소당 김석준의 회인시에서는 조수삼이 옹담계(옹방강)와 오난설(오숭량)을 만난 경험이 있다고 했다.

43 《추재시고》, 〈난설 오숭량 지금 시가(詩家)의 영수이다. 나와는 연경에서 벗이 되었는데, 금년 봄 〈향소산관자제시〉를 지어 내게 부쳐왔다. 내가 읽고 감회가 있어 드디어 병인년(1806)에 함께 수창했던 옛 운자로 시를 지어 기록해본다[吳蘭雪嵩梁, 當今詩家領袖也. 與余訂交於燕舘, 今春以香蘇山舘自題詩寄余. 余讀而有感, 遂用丙寅酬唱舊韵以識之]〉. "博士詩名天下聞, 蘭雪齋中我見君…."

44 같은 시.

45 이해응, 《계산기정》 3권, 〈유관留舘〉 참조.

46 《추재시고》, 〈동화 이해응이 연경에서 돌아왔는데 마침 동짓날 밤이었다[李東華歸自燕京適冬至夜]〉.

47 오숭량, 《향소산고금체시조香蘇山館古今體詩抄》 권13, 〈차운하여 경원진사에게 답하다[次韻答趙經畹進士]〉.

48 박사호, 《심전고》, 〈춘수청담春樹青潭〉. "…曰, 因趙經畹秀三雷慣大名. 方欲進拜門屛, 有此先施枉屈. 甚悚悚. 答. 經畹詩才可愛, 余詩交也. 今居何職, 答. 細柳營從事."

49 등총린, 《추사 김정희 연구》, 277~278쪽 참조. 저자는 김정희가 조수삼과 오숭량의 화답시 두 수를 마음에 들어 해서, 따로 필사해놓은 것을 제자였던 남병길(南秉吉)과 민규호(閔圭鎬)가 잘못 편집한 것이라는 견해를 피력했다.

50 강시영, 《유헌속록輶軒續錄》, 〈유헌속록서輶軒續錄序〉. "…然卽何謂續錄云乎, 先是公之先考三溟先生諱浚欽公, 當定順王后昇遐, 以告副使書狀官赴燕

時, 輶軒錄始有之, 而其後公又赴燕繼有此錄故名之⋯."《유헌속록》의 명
칭은 1805년 정순왕후의 부고사로 입연했던 선고 강준흠의 《유헌록》에 이어서
썼기 때문이라 밝히고 있다.

51 이춘희, 《우선 이상적과 만청 문인의 문학교류 연구》, 서울대학교 국어국문학
과 박사학위논문, 2005, 80~81쪽에서도 같은 사항을 지적했다. 이춘희가 참
조한 것은 강시영, 《유헌록》(영인본), 탐구당, 1994이며, 필자가 참고한 것과
동일하다.

52 조수삼의 자주에 "蘭雪時拜黔州知州, 已做裝涓日"로 되어 있다.

53 이 시는 《추재집》 권2, 〈시불각순포회운에 차운하다[次詩佛閣筍脯會韻]〉로 《추재
시고》에는 실려 있지 않다.

제3부 방 안에서 세계를 여행하다

1 그는 1794년에 《연상소해》를 저작했고, 이듬해인 1795년에 〈외이죽지사〉, 《세
시기歲時記》를 연달아 저작했다.

2 이상 정백이에 관련한 사항은 중국 《황산일보》 2015년 7월 3일자 기사 〈徽州
茶人小传: 程百二〉를 참고했다.

3 예수회 신부인 줄리오 알레니가 저술한 세계 인문지리서다. 명대의 천하 지도
와 경계를 담당하는 직방사(職方司), 그 관할을 벗어난 지역의 지리, 풍토, 민
정, 기후 등에 대해 서술했다는 의미로 '직방외기'라 칭한 것이다. 당대 지식인
들에게 중국 중심의 세계관을 탈피해 대외 인식의 지평을 넓혀주는 데 일조한
저작이다.

4 현재 출판이 전부 완성된 상태이며, 색인까지 합해 총 311책이다.

5 최소자, 《청(淸)과 조선(朝鮮)―근세 동아시아의 상호인식》, 혜안, 2005, 217쪽.

6 안평추(安平秋), 장배한(章培恒) 주편, 《중국금서대관中國禁書大觀》, 상해문화출
판사(上海文化出版社), 1990.

7 실록(實錄). 명력조사관신찬(明歷朝史館臣撰). 모두 2,935권이다(왕빈[王彬] 주
편, 《청대금서총술淸代禁書總述》, 중국서점[中國書店], 1991 참조).

8 《사고금훼서총간四庫禁燬書叢刊》편찬 후기에 따르면 경부(經部)에 속한 서적들은 내용 가운데 위애(違礙)·광패(狂悖)한 것이 거의 없지만 대개가 작자와 연관되어 분류된 것이라 한다.

9 왕빈 주편, 앞의 책.

10 《방여승략》은 〈총목總目〉1권, 〈정편正編〉18권과 〈외이外夷〉6권으로 이루어져 있다. 이유정(李維楨), 남사중(南師仲), 초굉(焦竑), 서래봉(徐來鳳), 주모위(朱謀㙔)가 쓴 다섯 편의 서문이 실려 있다.

11 신하윤 교수 역시 〈18세기 조선문인의 세계인식과 문학적 형상화-추재《외이죽지사》를 중심으로〉, 《중국어문학지》17집, 2004에서 이 부분에 대해 지적한 바 있다.

12 《방여승략》〈외이〉 권2. "女眞東夷也."

13 같은 글. "熟女眞, 金人遺種也. …東夷中寂無儀法者也. 及金人入中國, 夷風稍變焉."

14 이덕무, 《청장관전서·아정유고》, 〈김직재金直齋 종후鍾厚〉. "靉靆, 出西域(註: 〈方輿勝畧〉 滿剌加國, 出靉靆)."

15 이규경, 《오주연문장전산고》, 〈인사편人事篇 복식류服食類〉, 〈안경眼鏡〉. "靉靆, 出西域(註: 〈方輿勝略〉, 滿剌加國, 出靉靆)."

16 《방여승략》〈외이〉 권5에서 '만랄가'의 토산품을 설명하는 가운데 "靉靆(註: 觀書加助目明)"이라는 구절이 나온다.

17 최소자, 앞의 논문, 220쪽 참조. 본문에는 1776년에 이덕무가 검서관직을 맡았다고 되어 있으나, 1776년에 규장각이 세워졌으며, 이덕무가 검서관직을 맡은 시기는 3년 뒤인 1779년(정조 3)이므로 오류를 시정했다.

18 《경원총집》, 〈중양절에 형암 태수께 시 2수를 드리다[重陽日書呈炯菴太守二首]〉.

19 이규경, 《오주연문장전산고》, 〈천지편天地篇 지리류地理類〉, 〈석石〉. "此老八耋登司馬榜, 特除都摠府五衛將. 殊恩也. 嘗受學於我曾王考暨王考, 以功令文名. 又能古文律詩."

20 천기철, 〈《직방외기職方外記》의 저술의도와 조선 지식인의 반응〉, 《역사와경계》, 47, 2003, 112쪽 도표 참조.

21 곡응태의 자는 경우(庚虞)이며, 별호는 임창(霖倉), 풍윤(豊潤, 지금의 하북[河北]

풍윤) 사람이다.《청대금서총술》에 수록된 곡응태의 금서는《명사기사본말》이
다. 조수삼의 〈명실록가〉에서 언급한 461권의 〈명열조실록明列朝實錄〉은 목록
에 없으나, 추재의 시를 근거해보면 당시 곡응태의 저작이 금기시되어 고가에
거래되고 있었다는 사실을 알 수 있다.

22 《추재집》권5, 〈명실록가병서明實錄歌幷序〉. "…此書蓋史館(舊藏)谷氏之所
據修全史者, 而後孫窮竄不能守, 流落人間也. 歲己丑冬, 余從國使入燕,
與李君錫汝同館, 李君以厚直沽諸書肆, 屬余共編訂訖. 載而東歸, 獻于朝
庋, 奉於北壇之閣, 閣中文獻, 自此可徵矣."

23 《추재시고》.

24 이수광(李睟光),《지봉유설芝峯類說》권2, 〈제국부諸國部·외국外國〉. "…亦俱
有山海輿地全圖, 王沂三才圖會等書. 頗采用其說, 歐羅巴地界, 南至地
中海, 北至冰海. 東至大乃河, 西至大西洋. 地中海者, 乃是天地之中故名
云."

25 《진주선잡존珍珠船襍存》권1, 〈외이죽지사外夷竹枝詞〉. "星家言星之大, 百十
倍地, 而今仰觀, 特晢晢一點已. 使人在星處俯視之, 亦應一棋子彈丸而止
耳. 然稽於經傳, 參以圖藉. 則伏羲之萬國, 禹貢之九州, 蒼蒼然皆在方萬
里之內. 況乎窮髮卉服之鄉. 遐荒溟渤之外, 水天渺望, 滋嶼錯綜. 國於地
食其土者, 又不可一一數也…."

26 연활자본《추재집》에는 '外異'라고 되어 있으나《진주선잡존》과 필사본《추재
시고》에 따라 '外夷'로 바로잡는다.

27 《진주선잡존》권1, 〈외이죽지사〉. "…就其外夷列傳, 冥蒐遠求, 核擧無遺,
則喜自語曰, 安得身具羽翼, 徧翔其地. 審與此書同也否. 旣又自思曰吾國
中爲幾里, 而未能盡吾觀焉. 豈可寄想廣漠, 徒爲唐喪之歸哉. 毋寧著之篇
章, 以作慰遣資…噫. 余誠如未登屋後山, 先論泰華也. 聊且藏之巾衍, 以
識余平生遠遊志也. 乙卯孟秋, 經畹山人叙."

28 《경원총집》, 〈연행기정(소인小引)〉. "男子生而志四方, 況生乎褊隅者, 局而
不得伸; 窄而不得闢, 終遂淪沒與壤蟲井蛙同歸, 則吁亦哀哉!"

29 야율초재의 자는 진경, 시호는 문정으로 요나라 왕족 출신이다. 1219년 몽골
군이 연경을 점령하자 칭기즈 칸에게 항복, 정치고문이 되어 서역西域 원정에

종군했다. 시도 뛰어나 문집 《담연거사집湛然居士集》(14권)과, 서역에 종군했을 때의 견문기인 《서유록西遊錄》 등이 있다.

30 서하객의 호는 하객(霞客)으로 17세기 중국 명나라 말기의 지리학자다. 절강(折江) · 강서(江西) · 호남(湖南) · 광서(廣西) · 귀주(貴州) · 운남(雲南) 등을 답사하고 여행 중 일기를 모은 것이 《서하객유기徐霞客遊記》다.

31 장조 편, 《외국죽지사外國竹枝詞》, 〈외국죽지사소인外國竹枝詞小引〉. "…吾嘗設一幻想于此, 欲使身如飛鳥, 忽生兩翔, 徧遊海外諸國, 覽其山川人物之奇, 文字言語之異, 朝西暮東, 悠忽萬里, …古今之遠遊者, 漢則張騫, 唐則三藏法師, 元則耶律楚材, 近則徐霞客, 此四人者吾愛之慕之, 恨不生與同時, 追陪杖屨, 今讀晦菴先生外國竹枝詞, 益深我以遠遊之想矣. 心齋張潮撰." 필자가 참조한 것은 국립중앙도서관본 장조 편, 《외국죽지사》 필사본이다.

32 이 부분에 대해서는 필자의 박사논문 〈추재 조수삼의 연행시와 〈외이죽지사〉〉, 성균관대학교, 2008에서 처음으로 밝혔다.

33 《진주선잡존》 권1, 〈외이죽지사〉. "書成距今二百餘年, 當時遠人未畢至, 爲說頗多舛錯. 遂探其說, 附以素所記聞. 衍者節之, 略者詳之, 違者正之. 合以爲竹枝詞百二十二章, 識國凡八十三. 若其地近而俗同, 有記而無據者, 則又幷闕焉…."

34 이유원, 《임하필기林下筆記》 권39, 〈이역죽지사異域竹枝詞〉. "淸職貢圖, 詳載外國人物, 乾隆時輯也. 海外異人, 當時職貢, 異於海國圖志之數, 然因其所載而錄之."

35 필자가 참조한 것은 《사수謝遂 〈직공도職工圖〉 만문도설교주滿文圖說校注》(장길발[莊吉發] 교주[校注], 국립고궁박물원위원회[國立古宮博物院編纂委員會], 국립고궁박물원출판[國立古宮博物院出版])이다.

36 《외이죽지사》에는 국명과 소수민족의 명칭이 착종되어 제목을 이루므로, 모두가 '국가'에 대한 기록이라고는 볼 수 없다.

37 《한서漢書 곽광전霍光傳》에 "모든 일은 먼저 곽광에게 관백關白한 뒤에 천자에게 했다"라고 했다.

38 "其王也. 日本倭奴也, 在朝鮮東南海中. 相傳秦始皇時, 方士徐市請五百童男女, 求不死藥, 陰以五穀百工隨之. 入海得大野平原, 止王焉. 地多藤

橘, 故仍以平原藤橘錫土姓. 隋開皇中, 遣使入聘, 其書云, 日出處天子,
致書日沒處天子, 無恙云云. 至明萬曆中, 有平秀吉, 殺關白而簒其位, 關
白者其王也. 取事先關白光之意. 秀吉欲伐中國. 先寇朝鮮. 李如松楊鎬駱
尙志等討之, 會秀吉死矣. 遂使朝鮮講和, 後復入掠今猶不入版籍. 但自長
崎島通販於杭州. 其地溢嶼磽确, 其俗好鬪鬩. 怒輒戕命. 人帶二刎, 曰公
曰私, 公刎則非臨陣不拔, 其法甚峻. 尙多秦舊. 娘人漆齒爲容, 見尊人脫
屨叩頭而敬應者爲恭. 民家皆二層爲閭, 官府至有五層者, 種藷而食."

39 이 부분은 《추재집》에 누락되어 있으며 필자가 저본으로 삼은 연세대학교 소
장본 《진주선잡존》, 〈외이죽지사〉에만 수록되어 있다.

40 이 부분은 원중거(元重擧)의 《화국지和國志》, 성대중의 《일본록日本錄》과 같은
봉신사늘의 기록이나, 기타 일본과 관련한 문헌늘을 참고해 시간을 누고 고증
해볼 문제다.

41 《연상소해》에 실린 일본에 대한 이야기는 제20화 〈일본 다호군에 있는 진대의
고비〉, 제44화 〈칼을 잘 만드는 좌작기左作記〉, 제46화 〈일본 음식 견절鰹節〉,
제50화 〈감저甘藷 이야기〉다.

42 그는 《연상소해》에서 '견절(鰹節)'의 제조법과 풍미, 부인의 산후조리에 미치
는 효과에 대한 의학적 지식까지 기록하며, 이를 두고 이시진(李時珍)의 《본초
강목本草綱目》에도 실려 있지 않은 사실이라고 언급했다.

43 "毗舍邪, 琉球傍小夷也. 鳥語裸形, 性喜鐵, 人閉戶則不入, 但刹鎖環而
去, 擲以匙箸則俯拾之可緩數步. 臨敵用鏢鎗, 繫繩數十丈爲操縱. 見鐵騎
則爭刹戈甲, 雖骿首就戮而無悔也. 蓋愛其鐵不能捨也. 不駕舟楫, 縛竹
爲筏, 摺如屛風, 急則群之浮水而逃. 此夷之最小者."

44 《송사宋史》, 〈열전列傳〉, 250쪽. "…旁有毗舍邪國, 語言不通, 袒裸盱睢, 殆
非人類. 淳熙間, 國之酋豪嘗率數百輩猝至泉之水澳, 圍頭等村, 肆行殺
掠. 喜鐵器及匙箸, 人閉戶則免, 但刹其門圈而去. 擲以匙箸則俯拾之, 見
鐵騎則爭刹其甲, 骿首就戮而不知悔. 臨敵用標槍, 系繩十餘丈爲操縱, 蓋
惜其鐵不忍棄也. 不駕舟楫, 惟縛竹爲筏, 急則群異之泅水而遁…."

45 조수삼은 유구 옆에 있던 작은 섬[小島] 비사나를 《송사》를 비롯한 역사·지리
서를 참조해 추기(追記)했다. 이 기록은 기존의 보진재에서 간행한 연활자본

《추재집》과 규장각 필사본 〈추재시고〉에는 누락되어 있으며, 연세대학교 소장 《진주선잡존》, 〈외이죽지사〉에만 수록되어 있어 이 《진주선잡존》이 선본임을 확정하는 자료이므로 매우 중요하다.

46 "古里乃西洋諸部之都會也. 明永樂中入貢, 其王好浮屠, 族分五種, 死不 傳子而傳甥弟. 煨牛屎囊佩之, 算法以手足二十指會計, 如飛而無分毫差, 訟者探佛(沸)油卜曲直." 《진주선잡존》, 〈외이죽지사〉에는 '佛'로 되어 있으 나, 《방여승략》, 〈외이〉, 〈고리古里〉에서는 '沸'로 되어 있다. 의미상 '沸'이라 해야 맞을 듯하다.

47 "應多江在西海中, 地方萬里, 王畿千里, 天下之金銀寶石名香椒料, 皆自 是出. 樹葉爲紙, 鐵錐爲筆, 其王以金鎏面, 傳國於姊妹之子, 親子給祿自 養."

48 "應帝亞, 摠地名也. 中國所呼小西洋, 以應多江爲名. 半在安義江內, 半在 安義江外. 天下之寶石寶貨, 自是地出. 細布金銀椒料, 木香乳香藥等物, 故四時有西東海商, 到此交易, 以樹葉寫畫, 以鐵錐當筆, 以椰子爲酒, 其 國之王, 皆以姊妹之子爲嗣, 其親子給祿自贍而已."

49 "暹羅赤眉遺種也. 元至正間, 進金字表, 賜金縷衣, 明洪武永樂成化嘉靖 隆慶俱入貢. 今二歲一貢. 其地自廣東乘船, 順風四十日可至. …民皆樓 居, 王死水銀灌腹. 民有水葬鳥葬. 市銀有鐵印紋可通用. 家事決於婦, 娼 與海商多奸乃爲榮. 男陽嵌鈮鈴, 人死誦佛字, 橫書橫誦. 男貼女紅於額新 者爲新郎."

50 우통은 명말청초 때 강남 장주(長洲) 사람으로 희곡작가다. 자는 동인(同人) 또 는 전성(展成)이고, 호는 회암(悔庵) 또는 간재(艮齋)이며, 만년의 자호는 서당 노인(西堂老人)이다. 명나라 말부터 재명(才名)를 떨쳤다.

51 우통, 〈외국죽지사外國竹枝詞〉, 〈섬라暹羅〉.

52 "勿耨茶在海中, 作石堉高房. 以銅堉築城郭, 地饒民庶手藝絶巧. 國無君 主, 每年大家衆人. 選賢者管事, 事畢復爲平民. 有二山一出火, 一出烟不 絶."

53 "勿耨茶, 在海中, 作石堉高房. 城郭堅美. 其國無君主而國治, 每年大家衆 人選賢者管事, 事畢則爲平人. 富庶之地, 手藝絶巧, 土産上等玻璃."

54 물누차는 《곤여만국전도坤與萬國全圖》, 〈구라파歐羅巴〉조에 기록되어 있다. 《직방외기》에는 이를 '물닉제아勿搦祭亞'로 표기했다.

55 "其西北海勿搦祭亞, 無國王, 世家共推一有功德者爲住. 城建海中, 有一 種木爲椿, 入水千萬年不腐, 其上鋪石, 造室復以磚石爲之…." 이 부분은 줄리오 알레니, 천기철 옮김, 《직방외기》, 일조각, 2005, 170쪽의 원문과 역문 참조.

56 《방여승략》, 〈외이〉, 〈국도분國度分 소주小注〉. "西齊里亞, 此島有二山, 一常 出火, 一常出烟, 常火不絶."

57 이 부분은 줄리오 알레니, 앞의 책, 174쪽의 주석 참조.

58 "突浪亦在海中, 一帶大松林, 方數千里. 其國百州皆是林中, 松毬大如斗, 落卽斃人. 人戴銅兜以行, 宮中置一鐵舟, 王死擇能曳者立之."

59 "突郎, 此國在大松林中, 松林有數百里廣, 其松球重數根, 落則能殺人, 故 人行林下, 必戴兜, 以備之."

60 돌랑서이말니아는 《곤여만국전도》, 〈구라파〉조에 기록되어 있다.

61 "夜叉在北海中, 地寒不生穀. 水常凍, 土人開冰穴取魚, 食魚肉衣魚皮. 魚 油點燈, 魚骨造房屋舟車."

62 "夜叉國, 地不産穀, 寒極水凍成氷, 土人開冰穴取魚, 以魚肉充饑, 以魚油 點燈, 以魚骨造房屋舟車."

63 《진주선잡존》, 〈외이죽지사〉, 〈서〉. "…况乎窮髮卉服之鄉. 遐荒溟渤之外, 水天渺望, 滋嶼錯綜. 國於地食其土者, 又不可一一數也…."

64 "紅毛國一名阿蘭陁, 在東南海中. 去日本最近, 人農諸爲生. 織五色鳥羽 爲衣, 善鑄劍可吹髮, 撒尿高擧一脚, 語猗如狗."

65 이덕무, 《청장관전서·청령국지蜻蛉國志 2》권65, 〈이국異國〉. "阿蘭陀, 西北之 極界, 最寒國也, 亦曰紅毛. 凡有七大州, 阿蘭陀, 其一州, 而今爲総名, 曰 世伊羅牟止. …距日本一萬二千九百里, 其國主. 號古牟波爾亞, 其國人. 色晳髮紅. 鼻高眼圓, 常擧一脚尿之如犬. 衣多毛織."

찾아보기

조선 지식인이 세상을 여행하는 법
조선 미생, 조수삼의 특별한 세상 유람기

초판 1쇄 인쇄 2016년 8월 25일   초판 1쇄 발행 2016년 9월 2일

지은이 김영죽
펴낸이 연준혁

기획 설완식

출판 4분사 편집장 김남철
편집 신민희
디자인 오혜진

펴낸곳 (주)위즈덤하우스 출판등록 2000년 5월 23일 제13-1071호
주소 (410-380) 경기도 고양시 일산동구 정발산로 43-20 센트럴프라자 6층
전화 031)936-4000 팩스 031)903-3891
전자우편 yedam1@wisdomhouse.co.kr
홈페이지 www.wisdomhouse.co.kr

값 13,000원 ⓒ김영죽, 2016
ISBN 978-11-87493-02-0 03900

국립중앙도서관 출판시도서목록(CIP)

조선 지식인이 세상을 여행하는 법 : 조선 미생, 조수삼의 특별
한 세상 유람기 / 지은이: 김영죽. — 고양 : 위즈덤하우스, 2016
    p. ;   cm

색인수록
ISBN 979-11-87493-02-0 03900 : ₩13000

조수삼(인명)[趙秀三]
유람[遊覽]
조선 시대[朝鮮時代]

911.057—KDC6
951.902—DDC23   CIP2016020184